実践
武術瞑想
集中力と観察力を研ぎ澄ます武術ボディワーク

湯川進太郎【著】

誠信書房

はじめに

私の提唱する「**武術瞑想**（martial meditation）」とは、武術の身体操作に基づいた瞑想エクササイズ（ワーク）です。基本のワークは誰にでもできるごく簡単なものですので、老若男女、どなたでもすぐに実践していただけます。この武術瞑想を実践して、心身のポテンシャルを高め、健やかでしなやかで柔らかな人生を歩んでみてはいかがでしょうか。そのためには、本書の第1章から第5章までを読み終えたらすぐにでも、第6章、第7章でご紹介したワークを実践してみてください。

ここであえて「第1章から第5章までを読み終えたら」と書いたのには、理由があります。というのも、瞑想というのは、ただやみくもに行っても（形だけ真似ても）あまり意味がないからです。そもそも人の心とはどういうものなのか、そしてなぜ瞑想すると良いのか、瞑想するとはどういうことか、瞑想するとどうなるのか、といったことを知らなければ、単なる時間の無駄になってしまうからです。

ですので、本書ではまず、理論的な背景を先にじっくり学んでいただくような構成になっています。瞑想というのは、実践する前に、十分な学習・理解が必要だということです。よく、「お寺で坐禅をしたことがあるけれど、足はしびれるし、退屈だし、苦しいだけで、ただの我慢大会でした」と言う人がいます。たいへん残念なことではありますが、事前にきちんと瞑想について学習・理解せず、ただ形だけを真似るとこうなります。本書を手に取っていただいた読者の皆さんは、この轍だけは踏んで欲しくないと思っています。

瞑想は、ただじっと坐って（寝て）行うものよりも、何かしら動きながら行うもののほうが、断然やりやすいです。その意味で、坐禅は最も難易度が高いと言えます。一方で、動きながら行う瞑想（動作瞑想）は、動いているので集中しやすいし、動作そのものが楽しいので飽きにくい、などの利点があります。私たちの身近にある代表的な動作瞑想と言えば、ヨーガと太極拳です。ですから、ヨーガや太極拳をすでにたしなんでいる方は、本書を読んでヨーガや太極拳が瞑想であることを（より深く）知ることができ、いつもの実践がより豊かになるでしょう。また、本書を読んで、ヨーガや太極拳を始めてみるのも良いと思います。

では、なぜあえて「武術」なのかと問われれば、端的には、私自身が長年武術（主に空手）を稽古しているからです。希代の武術家であるブルース・リーに憧れた少年の頃から武術には強い関心がありましたが、実際に空手を習い始めたのは大学院生になってからです。それ以前、大学の学部生の頃は、パントマイムに青春を捧げていました。こうして昔から身体操作に興味のあった私は、空手の一方で、居合や琉球古武術（武器術）、二十四式太極拳なども少しかじりました。すると、こうしたさまざまな武術稽古の在り方が、実はマインドフルネス瞑想そのものであることに、だんだんと気がつき始めました。

そして、一般の人が武術そのものを一から習うのはハードルが高いけれども、武術の呼吸や動作のエッセンス、あるいは基本的な動きをうまく用いれば、マインドフルネスを練る動作瞑想として、十分応用可能だと思うようになりました。そうして工夫を重ねていってできたのが、本書で紹介する数々のワークです。

実際、ここに至るには、一つの大きなきっかけがありました。それは、中国の古流の気功と太極拳を習う機会に恵まれたからです。空手の稽古はマインドフルネス瞑想だという考えには至っていたので、すでに書籍を出版していましたが（『空手と禅』ＢＡＢジャパン刊）、古い気功や太極拳を教わることで感覚や動きの幅が広がり、より一般の方にも馴染みやすいワークを考案することができるようになりました。空手と太極拳の融合についての経緯は、拙著『空手と太極拳でマインドフルネス』（ＢＡＢジャパン刊）に詳しく載っていますので、ご興味のある方はご一読いただければ幸いです。

本書はこのように、まずは私たちの心の特徴について理解していただくことから始まり、その特徴を踏まえて、なぜマインドフルネスが有効なのかを知っていただきます。そうして、理論的な背景を十分に理解していただいたうえで、武術稽古はマインドフルネス瞑想そのものであることを説明し、その武術のエッセンスを元に考案した武術瞑想のワークをご紹介します。ワークは基本と応用に分けましたが、特に基本ワークの動作そのものはとても簡単ですので、どなたにもできます。簡単ですので、いつでもどこでもすぐにできますし、継続もしやすいでしょう。

瞑想は、武術の稽古と同じく、継続がとても大切です。また、稽古したらすぐに使えるものでもありません。日々の努力と精進が必要です。しかし、歯を食いしばるような努力と精進は必要ありません。一日五分でも一〇分でも良いです。毎日、できれば定時に（起床後、朝食前がオススメです）、継続して稽古し続けるのがコツであり、ミソであり、ヒケツです。武術も瞑想も稽古に終わりはありません。しかし、達人にはいつかなれるかもしれません。皆さんも瞑想の達人を目指して、毎日五分からでよいので、根気よく続けていただければと願っています。

二〇一七年九月

湯川進太郎

目次

目次

付録　もっと深めたい人へのブックガイド　95

第1章

マインドワンダリング
——過去と未来をさまよう

1　さまよう心

私たちの心（mind）は、放っておくと勝手にあれこれと考え始め、さまよい始めます。「勝手に」というのは、意図せず、自動的に、無意識的に、という意味です。不思議に感じるかもしれませんが、元々そのようにできているのです。

それは、私たち人間が人間であることの証拠でもあります。さまようことが止まってしまったら、その人はもはや人間とは言えないかもしれません。心がさまようのは他の動物とは異なる人間の基本性能であり、それゆえ、人間の性《さが》なのです。

こうしてあれこれと心がさまようとき、私たちは得てして、過去のことを思い出し未来のこと考えます。心理学では、これを**心の時間旅行（mental time travel）**と言います。そうすることで、過去の成功と失敗の経験を繰り返し検討しながら学習し、知識を蓄え、未来の損得を勘定に入れつつ、工夫と試行を重ねていきます。このように頭の中でランダムにあれこれと考える豊かな想像力（**imagination**）が、現代の人類の高度な文明・文化を生み出す基盤となっています。ですので、心のさまよいは、創造性（**creativity**）にもつながって

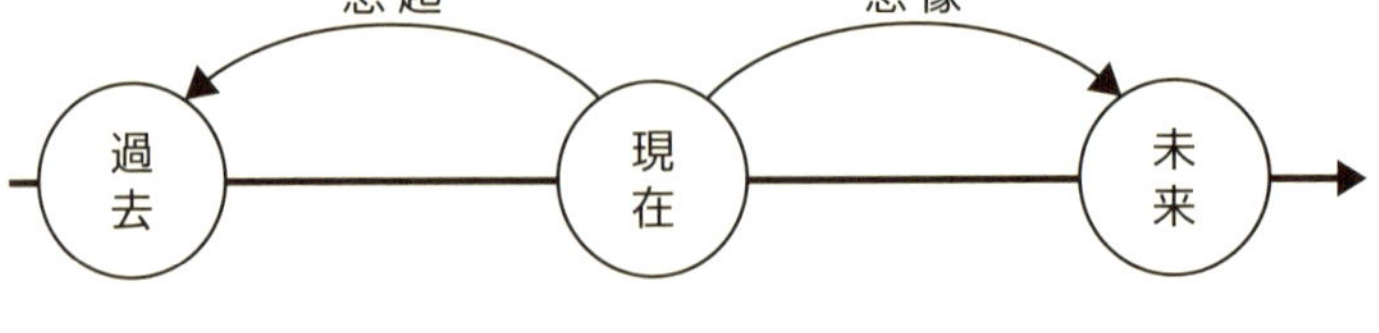

図 1-1　心の時間旅行（mental time travel）

います（図1-1）。

一方で、過去のことを思い出し**反すう**（rumination）すること、あるいは、未来のことを考え**心配**（worry）することは、私たち人間の**ストレス**（stress）の元にもなります。想像力に支えられた創造性という恩恵を受けるとともに、まさに「諸刃の剣」として、それは悩みの種にもなります。つまり、過去の苦い経験を何度も繰り返し思い出しては嫌な気分にさいなまれ続けたり、まだ起きてもいない未来のイベントを想像しては緊張したり不安に感じて悶々《もんもん》としたりします。こうして、過去や未来に関するネガティブなことを頭の中であれこれ想像することが、私たちにとっては大きなストレスとなります（図1-2）。

2　さまよう心とストレス

心の中で想像する過去や未来の悩み事は、いくら想像したところで、なかなか解決されるものではありません。過去はすでに起きてしまっているので今さらもう変えられませんし、未来

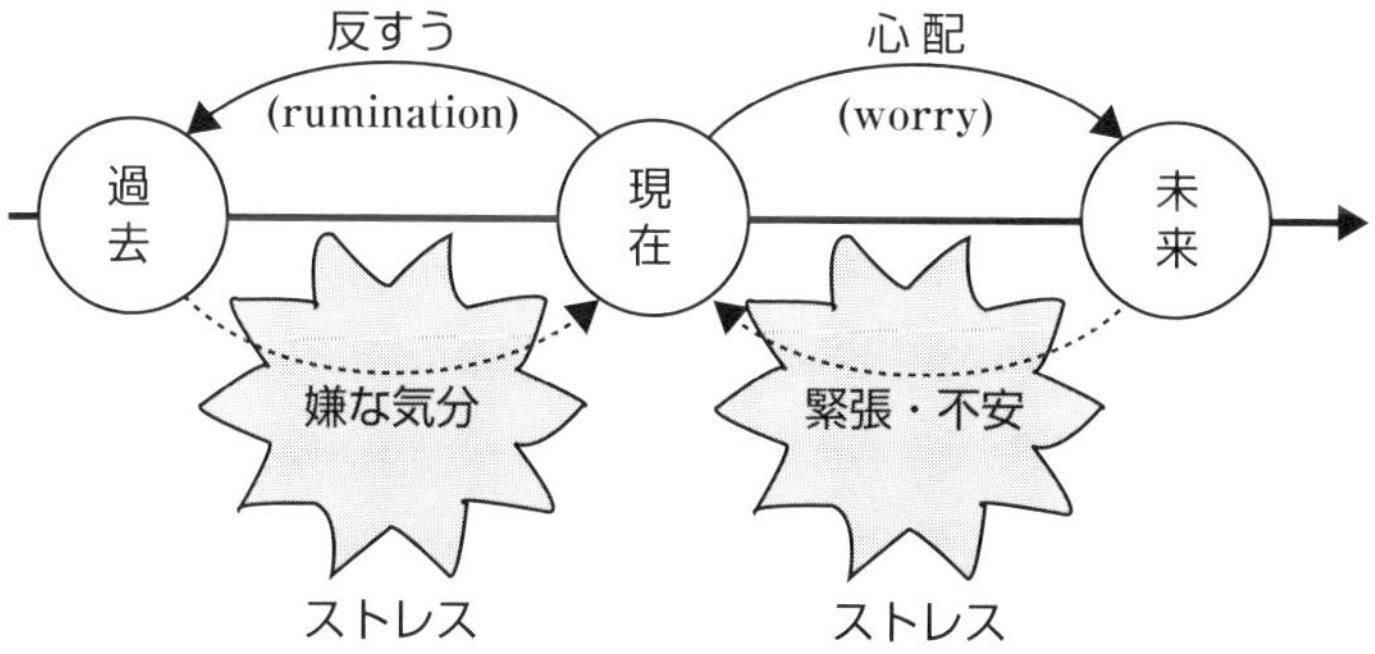

図1-2　さまよう心とストレス

はまだ起こってもいませんので今からどうしようもありません。ですので、今ここであれこれ考えたところで、何かが大きく変わることはないのです。

もちろん、あれこれと過去のことを反すうすることは、起こってしまった出来事について繰り返し考えることで、自分にとっての自分なりの意味を見出すのに役立ちます。こうして意味を見出すことを、**意味づけ（meaning making）**と言います。そして、過去を反省して次に後悔しないよう改善策や打開策を見出すことなどを支える、大切な精神活動でもあります。悲しさや悔しさに暮れながらも前に一歩進むためには、過去を整理しなければなりませんし、次に失敗しないためには過去から学ばなければなりません。こうした反すうする心がなければ、私たち人類の大いなる進歩はなかったでしょう。

しかし一方で、私たちはつい過剰に過去を何度も再体験し、苦しい思いを何度も味わい、さいなまれ続けてしまいます。こうして、私たちはストレスに晒《さら》され続けることになります。

同じように、あれこれと未来を心配することは、間違いや失敗や漏れのないよう事前に準備をすることにつながります。また、頭の中でシミュレーションをしておくことは、心構えを持ったり対応策を考えておいたりすることなどに資する、重要な心の営みです。自分の望む結果を得るためには十分に準備しておかなければなりませんし、不測の事態に備えるためには、さまざまな可能性を考慮しなくてはなりません。こういった心配する心があるからこそ、私たち人類は現在の大いなる繁栄を獲得したと言えるでしょう。

ただ、その代償は大きく、私たちはつい過剰に未来をイメージし、まだ起こってもいない（もしかしたら起こらないかもしれない）苦境を想像して、苦しみ続けます。こうして、過去の反すうと同様、未来の心配によっても、私たちは自らをストレス下に置き続けるのです。

3　ストレスと心身症

ストレスに晒され続けることは、やがて身体の不調となって現れることがあります。これを**心身症**（psychosomatic disease）と言います。何らかのストレスの原因（**ストレッサー**〈stressor〉）に晒されると、**闘争逃走反応**（fight-flight response）というストレス性の反応が生じます。読んで字のごとく、私たちの身体はそのストレスの元に立ち向かうか、あるいは遠ざかるために反応・変化します。具体的には、自律神経系・内分泌系・免疫系が総動員でこの状況に対応し始めます。その結果、ストレスの元が除去されれば闘争逃走反応は落ち着き、身体はやがて元の平常な状態に戻ります。

しかし、ストレスの元が取り除かれないと、闘争逃走反応は一向に治まりません。車の運転にたとえれば、アクセルをずっと強く踏み続けているような状態です。これではエンジンが持ちません。私たちは自律神経系・内分泌系・免疫系の働きのバランスを保つことで、健康を維持しています。これを**ホメオスタシス**（**homeostasis**〈**生体恒常性**〉）と言います。ストレスによって、このホメオスタシスのバランスが崩れます。つまり、自律神経系・内分泌系・免疫系のバランスが崩れ、これが長期化するとやがて身体の病気となって現れてきます。これが心身症です。

人間にとってストレスの元は、何も悪い出来事ばかりではありません。不慣れな出来事や、めったにない出来事であれば、喜ばしいことでも大きなストレスの元になります（たとえば結婚や子育てなどもそうです）。つまり、私たちの生活の中のあらゆるものが、ストレスの元となる可能性があります。私たちはこうしたさまざまなストレスの元を、闘争逃走反応で乗り越えていきます。そうして経験を積むことで学習し、耐性がつき、心身ともに成長することで、新たな状況や出来事にも対応していくことができます。

しかし、心の中であれこれさまよいながら延々と想像することで生じるストレスはどうでしょうか。リアルなストレスばかりでなく、反すうや心配によってイメージ豊かに生じてしまう、いわば「バーチャルなストレス」によっても、闘争逃走反応は同じように生じます。脳は現実のストレスと想像上のストレスを、簡単には区別できないのです。

そして残念ながら想像上のストレスの場合、闘争逃走反応が生じたところで何かしら決定的な解決がもたらされるわけではありません。繰り返し想像するたびに、いつまでも反応し続けることになります。こうして心の中で生み出されたストレスに晒《さら》され続けることは、私たちの心身を必要以上に苦しめ続けることになります。

4　マインドワンダリングとデフォルトモード

反すうや心配などの反復的な思考を含むこうした心のさまよいのことを、心理学では**マインドワンダリ**

ング（**mind-wandering**）と呼び、最近盛んに研究されるようになっています。神経科学の隆盛に伴い、背景的には、脳の**デフォルトモード・ネットワーク**（**default mode network**）という研究とも関連しています。

マインドワンダリングは乗車中や授業中や入浴中など、ぼんやりしているときだとか、運転や掃除や洗濯などのシンプルな作業や、仕事上の慣れ親しんだルーティン作業をしているときなどに、にわかに始まります。つまり、注意集中や特別な労力などを要しない、脳の初期状態（デフォルトモード）ということです。私たちの脳がこうした初期状態のとき、心はあれこれとさまよい始めます。

5　さまよう心は止められない

心がさまようのは脳のデフォルトモード時の特徴ですから、これを脱するのは容易ではありません。そもそも私たちは、さまようことそのものを完全になくすことはできません。もしこれがなくなれば、もはや人間ではありません。最初にも言いましたが、心がさまようのは他の動物と一線を画する人間の基本性能であり、人間の人間たる所以《ゆえん》なのです。

また、私たちは嫌なことが頭から離れないとき、ついこれを無理矢理頭から追い出そうと（生じるのを抑えようと）してしまいます。しかし、いったんさまよい始めたところを強引に止めようとすればするほど、かえって止まりません。これは**逆説的効果**（**paradoxical effect**）と言って、「あること」を考えないようにすればするほど、かえってその「あること」を考えてしまうという、私たち人間の思考の特徴的な現象です。過去の不愉快なことや未来の不安などが頭に思い浮かんで仕方のないときに、それを追い払おうと思って頑張れば頑張るほど、皮肉なことにそれを考えて続けてしまうという経験は、皆さんにもあるのではないでしょうか。

このように、私たちの心は、気がつけばあれこれと物事を考えています。それはまるで、駆け回る馬か騒がしい猿のようです。仏教ではこれを、**意馬《いば》心猿《しんえん》**という言葉でとらえています。心のさまよいは、最近になって心理学で盛んに取り上げられるようになった新しいトピックではありますが、仏教の世界では大昔からすでに、こうして騒がしく駆け回る私たちの心の特徴をよく知っていたのです。そして、そのさまよう心が悩みの種を生み、ストレスの元となることもわかっていました。そこで仏教は、ここから脱する一つの鍵として、**マインドフルネス**（mindfulness）というものを提案し、実践してきたのです（**図1-3**）。

次章では、このマインドフルネスについて説明します。

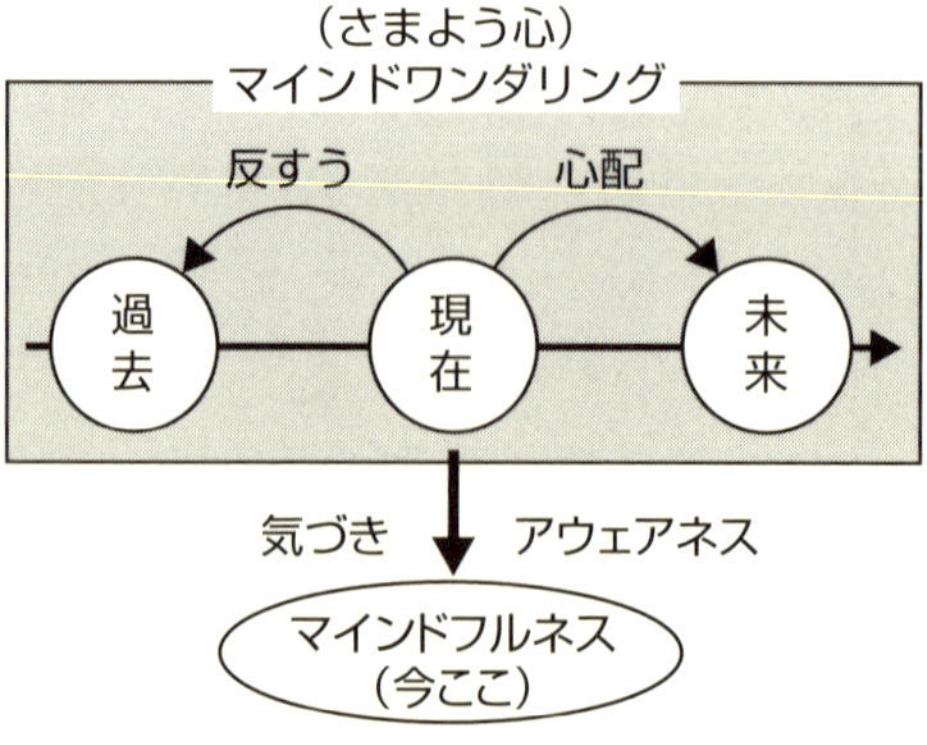

図1-3　マインドワンダリングとマインドフルネス

第2章

マインドフルネス
——今ここにある

1 気づく（そして気づきを保つ）

私たちの心というのは、気づかないうちに自動的にあれこれとさまよい始めます。あるいは、ハッと気がつくと、勝手にあれこれさまよっていたことを知ります。このさまよいの中で過去や未来へと時間旅行をすることで、すでに起こってしまったネガティブな出来事を何度も反すうし、いまだ起こっていないネガティブな出来事を何度も心配することになります。

このように頭の中で想像されるものは単なるイメージなのですが、この単なるイメージが私たちにとって、ストレスの元（**ストレッサー**〈**stressor**〉）となります。私たちの脳は、リアルなストレスとバーチャルなストレスを簡単には区別できません。頭が生み出したイメージは、バーチャルであるがゆえに、解決されずいつまでも続きます。これがストレス反応をし続ける、つまり、ストレスを長期化させる理由です。このストレスの長期化がやがて、私たちの心身を疲れさせていきます。

今、「ハッと気づく」と言いましたが、実はこの「ハッ」という気づきこそが、マインドフルネスなのです。マインドフルネスとは、「**気づき**」（**アウェアネス**〈**awareness**〉）のことなのです。この、気づいた状態にあることが、マインドフルな状態にあるということです。したがって、「マインドフルネスを練る」ということは、この気づいた状態を保つ稽古をすることなのです。

私たちの心は、放っておくと自動的にさまよってしまいます。そのこと自体が悪いわけではなく、それは人間が人間であることの自然な特徴であり、豊かな想像による豊かな創造の源泉でもあります。ただ一方で、その豊かな想像力のために、不必要に過去を思い出しては悩み、不必要に未来を予期しては悩むことになります。ですから、そうした不必要な悩みの種である単なるイメージに自動的に絡め取られないように、できるだけ気づいた状態でいようというのが、マインドフルネスです。

2　マインドフルネスのいろいろ

マインドフルネスはよく、「今この瞬間に、価値判断せず、注意を向けること」だと説明されます。マインドフルネスとはパーリ語の「サティ」の訳であり、漢語では「念」であると解説されます。「念」という字は今の心と書きますから、まさに、今に心を向けるマインドフルネスを表しています。このサティ（念）は、仏教の重要な概念であり、特に**テーラワーダ仏教**（**上座部**《じょうざぶ》**仏教**、**南方仏教**）における瞑想実践の核心と言えます。

近年、このマインドフルネスが西洋社会で盛んに取り上げられるようになったきっかけは、マサチューセッツ大学のジョン・カバット＝ジン（Jon Kabat-Zinn）の、**マインドフルネスストレス低減法**（**mindfulness-based stress reduction：MBSR**）によります。カバット＝ジンは、マインドフルネスという概念と方法を、難治の慢性的な身体疾患を抱える患者に応用し、症状の軽減に効果があることを示しました。やがてＭＢＳＲは、うつ病などの精神疾患にも応用されるようになりました。それが、**マインドフルネス認知療法**（**mindfulness-based cognitive therapy：MBCT**）です。ほかにも、マインドフルネスを技法の中に含む心理療法はたくさんあります。

このように、本来、仏教瞑想の概念と方法であったマインドフルネスは、近年になって臨床応用に使われるようになりました。したがって、マインドフルネスと一口に言ったときに気をつけておきたいのは、それが本来の仏教的な意味でのマインドフルネスを指すのか、近年の臨床的な意味でのマインドフルネスを指すのか、という点です。

前者の仏教的マインドフルネスは、仏教の教理・経典に関わる概念と方法ですから、突き詰めていくと非常に深く複雑であり、一言で説明できないものです。そもそもマインドフルな状態は、言葉（ロゴス）を超えた感覚や経験ですので、これを言語的に定義づけること自体、不可能だとも言えます。ただ、その仏教的な諸々の難解さを端折って、もともと仏教（仏道）とは一つのライフスタイルの提案だとすれば、マインドフルネスとは「気づきを保った生活」となります。そうして気づきを保つことで、いろいろな悩み（苦）から離れることができるということです。

一方、後者の臨床的マインドフルネスは、そうした仏教的な教理・経典はとりあえず置いておいて、具体的な瞑想の技法（テクニック）としてまとめられることで、臨床的に応用され、研究対象として検討されてきました。近年では、マインドフルネス瞑想の効果そのものから、その効果を支えるメカニズムに至るまで、さまざまな科学的検証が盛んになされています。このように、臨床的マインドフルネスは「心理学的マインドフルネス」として、臨床技法や研究対象というかたちで、現在、科学的な概念と方法になっています。科学的な概念と方法ですから、当然、実証に必要な明確な定義が必要となってきます。それが冒頭に示した最もシンプルな定義である、「今この瞬間に、価値判断せず、注意を向けること」というものです。

ただ、この心理学的（臨床的）マインドフルネスは、仏教的マインドフルネスとまったく別ものというわけではありません。本質的にとらえようとしているところは同じであり、いずれも、「今ここへの気づきを保つこと」に変わりはありません。臨床場面で用いる場合は、治療という目的をかなえるための技法として限定的に考えたほうがよいですが、私たちが日常生活を生きるうえでの方針（生き方）としてのマインドフルネスという意味では、両者に大きな違いはありません。そこで、ここに改めて、マインドフルネスのより丁寧な定義を一つ示しておきます。

「今、この瞬間の体験に意図的に意識を向け、評価をせずに、とらわれのない状態で、ただ観ること」（なお、〝観る〟は、見る、聞く、嗅ぐ、味わう、触れる、さらにそれらによって生じる心の働きをも観る、という意味である）

（日本マインドフルネス学会）

3　ブッダの瞑想

仏教の開祖である**ブッダ**（**ゴータマ・シッダールタ**）が残したとされる瞑想は、「呼吸の瞑想」と「気づきの瞑想」の二つです。呼吸の瞑想とは**安那般那念**《あんなはんなねん》のことであり、気づきの瞑想とは**四念処観**《しねんじょかん》のことです。

呼吸の瞑想では、鼻で吸ったり吐いたりする自分の呼吸に注意を向け続ける、ということをします。ただそれだけです。ただそれだけなのですが、まさに「言うは易し行うは難し」とはこのことです。始めてしばらくは確かに呼吸に注意を向けられるものの、ものの数秒もすれば、いつの間にか呼吸とは関係ないことをあれこれ考え始めます。座って呼吸に注意を向けるという作業そのものは、それこそ注意集中を要しない易しい課題です。しかし、長時間注意を向け「続ける」というのが、難しいのです。

第1章を思い出してください。誰にでもできるような易しい作業をしているときや、注意集中や特別な労力を要しない状態にあるとき、私たちの脳はデフォルトモード（初期状態）になり、マインドワンダリングし始めます。つまり、ただじっと座って呼吸に注意を向けるという作業は、実は最もマインドワンダリングしやすい状態なのです。ですから坐禅をする禅僧の方々は、言わばこの世の中で最も難しい瞑想に、日々チャレンジしているのです。

呼吸の瞑想では、呼吸への注意が逸《そ》れたとハッと気づいたら、再び呼吸に注意を戻します。ただそれだけです。これをひたすら繰り返します。なお、呼吸に注意を向けるというのがどういうことなのか、ややわかりにくいかもしれません。具体的には、鼻孔や鼻の下に触れる空気の流れや、鼻腔を通る空気の流れ、喉から肺に入っていく空気の流れ、あるいは呼吸とともに膨らんだり凹んだりする胸や腹の感覚などを観察します。このように、呼吸の出入りを観察することを、禅では**随息観**《ずいそくかん》と言います。

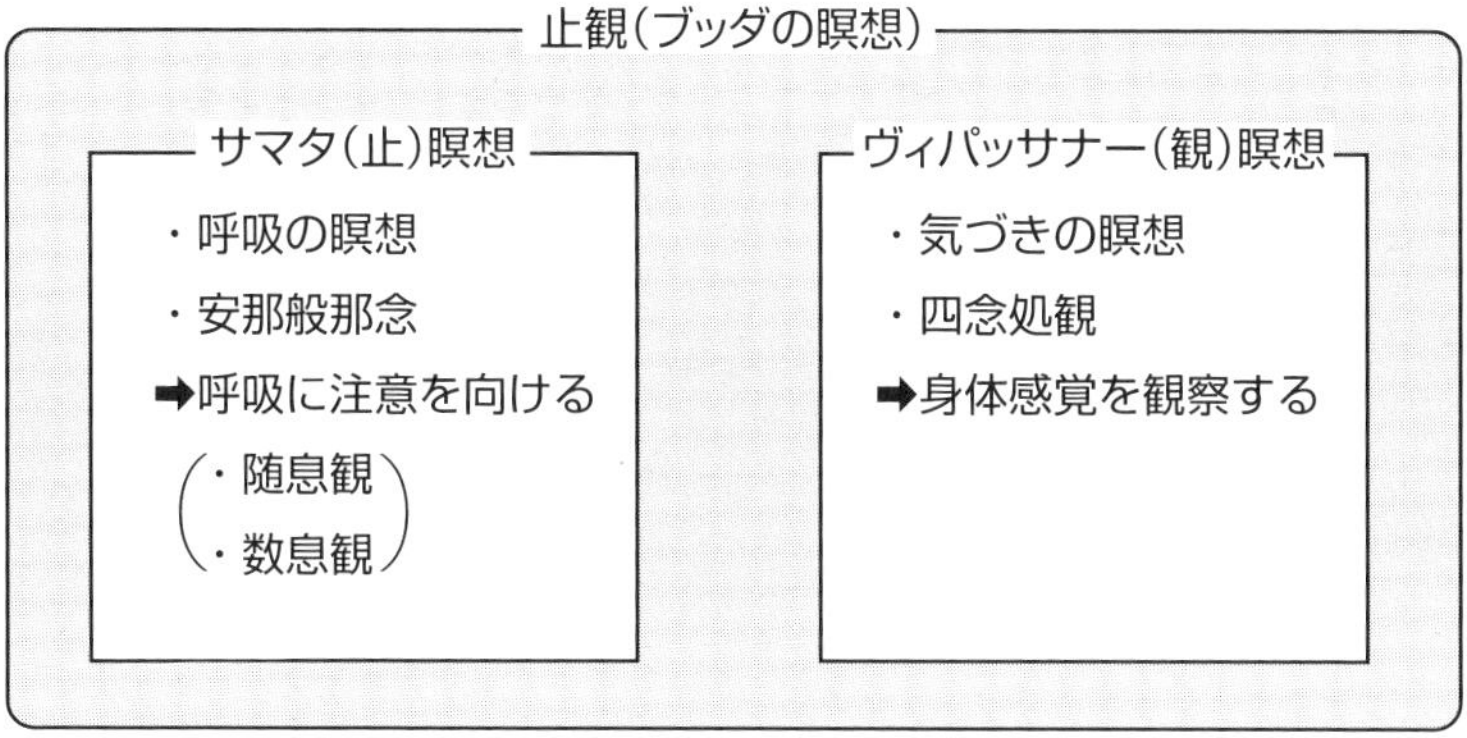
止観（ブッダの瞑想）
サマタ（止）瞑想
・呼吸の瞑想
・安那般那念
➡呼吸に注意を向ける
・随息観
・数息観
ヴィパッサナー（観）瞑想
・気づきの瞑想
・四念処観
➡身体感覚を観察する

図 2-1　マインドフルネス瞑想のアプローチ

これをテーラワーダ仏教では、「吸っている」「吐いている」と自分の状態を実況中継するという方法によって、注意（気づき）を保つやり方があります。また禅では、息を吸ってから吐くまでを一回として、「いーち」「にーい」「さーん」と数えるやり方もあります。ちなみにこれは**数息観**《すそくかん》と言います。とにかく、呼吸を碇《アンカー》にして、心が勝手にさまよわないようにしたり、仮にさまよっていたとしても気がついたらまた戻ってくるようにして、馬か猿のようにあれこれとさまよって忙しく駆け回る騒がしい心を止めようとするのが、呼吸の瞑想のねらいです。このような瞑想を**サマタ**（samatha）**瞑想**といい、漢語では「止」と書きます。

もう一つが、気づきの瞑想です。こちらは、サマタ瞑想に対して**ヴィパッサナー**（vipassana）**瞑想**と言い、漢語では「観」と書きます。これらサマタ瞑想（止）とヴィパッサナー瞑想（観）をセットにして、マインドフルネス瞑想となります。ですので、仏教瞑想のことを「**止観**《しかん》」と言う

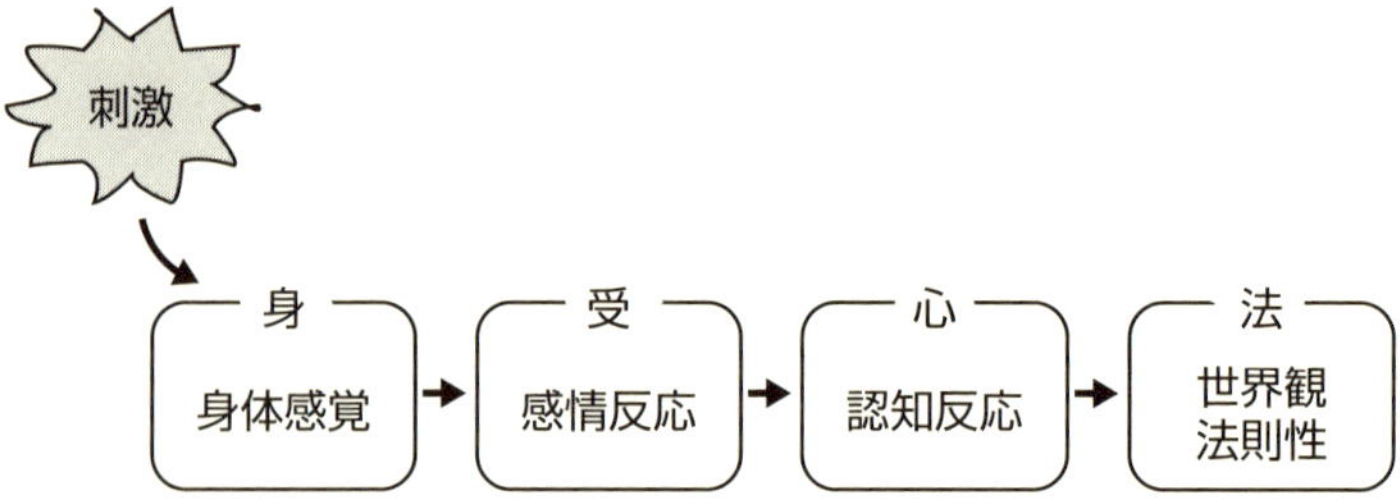

図 2-2　四念処観

わけです（図２－１）。

ヴィパッサナー瞑想では、サマタ瞑想で養った集中力でもって、身体を観察していきます。ヴィパッサナー瞑想である四念処観《しねんじょかん》の四念処とは、「四つの念ずる処」ということです。それは、どこにマインドフルに注意を向けるかを教えるものです。その念ずる処とは、「身（身体感覚）」「受（感情反応）」「心（認知反応）」「法（世界観・法則性）」の四つです。

このようにブッダは、まず身体感覚をよく観察しなさいと説いています。これは、何らかの刺激（きっかけ）によって何らかの身体感覚が生じ、それについて快不快の判断をし（感情）、そこからさまざまな思いが分泌し（認知）、やがてそうした思いの蓄積からこの世のルール（世界観・法則性）のようなものを構築する、ということがブッダにはわかっていたからでしょう。だから、まずは身体の感覚をよく観察するように、としたわけです（図２－２）。

このようにヴィパッサナー瞑想では、まず身体のさまざまな感覚を丁寧に観察していきます。なお、ここでは呼吸に特に注意を留める必要はありません。呼吸は、心がさまよったらまた戻ってこられる、プラットフォームのようなものと考えます。呼吸にだけ注意を向けようとせず、皮膚・筋肉・骨・内臓などのありとあらゆる身体の微細な感覚を、漫然と観察していきます。今ここの感覚を静かに優しく観じていきます。やがて、皮膚の内外の境界線は有るような無いような感じになり、自身の身体を含めて自身のいるその場（環境）全体を、柔らかく観察していきます。サマタ瞑想が集中力を養う瞑想だとすれば、ヴィパッサナー瞑想は観察力を養う瞑想だと言えます。

このように身体を観察するのは、身体は今ここにある（今ここにしかない）ために、実際、今ここにある感覚に注意を向ける稽古になるからです。結果的にこうして今ここに「集中」していれば、それは同時にサマタ瞑想にもなっています。また、そもそもサマタ瞑想で微細な呼吸の動きを「観察」することは、観察力を養うヴィパッサナー瞑想でもあります。ですから、実践的には、サマタ瞑想とヴィパッサナー瞑想を明確に区別する必要はありません。「よし今からサマタ瞑想をやるぞ」「さぁここからヴィパッサナー瞑想だ」と分ける必要はない、ということです。

実際、サマタ瞑想で集中力を養ってからヴィパッサナー瞑想で観察力を養う流派もあれば、いきなりヴィパッサナー瞑想をする流派もあります。ですから、マインドフルネスを養う方法として、あまり四角四面に難しく考える必要はありません。ただ、私の経験では、いきなりヴィパッサナー瞑想というのは少し感覚的にわかりづらいので、まずはサマタ瞑想をして、集中しながら呼吸を観察することから始めるのがよいと思います。そして、それに慣れてきたら、徐々に観察する範囲を広げていくようにします。

4 呼吸と身体の観察

このように、マインドフルネスを養う瞑想（サマタ瞑想とヴィパッサナー瞑想）では、自身の呼吸と身体を観察するというアプローチを取ります。自身の呼吸と身体を観察し続け、ここから注意が離れたらまた再び呼吸と身体に注意を戻す、という方法です。取り組む作業の内容としては至極簡単です。しかし、これを「続ける」ことが至難の業なのです。誰もがそう易々とできるものではありません。個人差はありますが多くの人にとっては難しいので、だからこそ、継続的な稽古が必要となってきます。

武術もまた同じです。武術もまた、見た目や理屈はわかっても、それを体得するには時間と努力が必要です。マインドフルネスを体得するにも時間と努力が必要です。まさにマインドフルネスは、武術と同じく「体得」するものです。頭で理解できるものではなく、ひたすら稽古してやがて、ようやく体感的にわかってくるというものです。マインドフルネス瞑想はよく「心のトレーニング」と言われることがありますが、そのために、これは心を鍛えることであって、心で心を調えようとするアプローチなのだろうという誤解を招きます。しかしこれは間違いです。マインドフルネス瞑想とは、呼吸（息）と身体（身）でもって心を調える、極めて身体的な技法なのです。

さらに言えば、武術とマインドフルネス瞑想は、自身の呼吸と身体を観察するという点でも合致しています。武術の稽古とは、呼吸と身体動作を精妙に連動させながら、**形**《かた》**を練る**ということをします。そこでは当然、呼吸と身体を観察し続けなければなりません。これはそのまま、マインドフルネス瞑想を実践していることと同じです。具体的な感覚については、次章で詳しく述べることとします。

なお、じっと座って瞑想する場合と違うのは、武術の場合は動いているということです。ただ、武術でなくとも、動きながらマインドフルネス瞑想をすることもあります。有名なところでは、**歩行瞑想**（**経行**《きんひん》）や**手動瞑想**というものがあります。これらは**動作瞑想**（**動く瞑想**〈**moving mediation**〉）と、くくることができるでしょう。武術がしばしば「動く禅」と呼ばれる所以《ゆえん》は、ここにあります。つまり武術は、単に術の修得のみを目指せばそれは単なる「武術」に留まりますが、取り組み方によっては動くマインドフルネス瞑想となりうるのです。そうなった場合にはじめて、「武道」（武の「道」）と呼ぶと私は考えます（この点に関して詳しくは拙著『空手と禅』を参照してください）。

逆に言えば、「道」と呼ばれるものはすべて、本来マインドフルネス瞑想になりうるものであり、その含意があるからこそ、「道」と呼ばれてきたはずです。具体的には、茶道も華道も書道もそうです。その瞑想性によって、仏教の核心であるマインドフルネスを練ることがねらいでもあるからこそ、「道」と付くものは仏教あるいは禅と結びついているのです。したがって、マインドフルネス瞑想と結びついていないのに「道」と付いているものは、まったくもって本質を見失ってしまっているということです。

第3章

瞑想
――「からだ」で「こころ」を調える

1 「からだ」の観察

前章では、呼吸と身体を観察することが、止（サマタ）と観（ヴィパッサナー）からなるブッダの瞑想、すなわち、マインドフルネス瞑想のアプローチ方法であることをお話ししました。

このようにマインドフルネス瞑想とは、呼吸を含めた自分の「からだ」をよくよく観察する技法なのです。やっていることはただそれだけです。今ここにある自分の「からだ」を、丁寧に見つめ続けるだけの営みです。その結果として、自然に「こころ」が調ってくるのです。やることは極めてシンプルです。決して難解で複雑なことをしているわけではありません。しかし、そういうシンプルな状態であり続けることが、なかなか難しいのです。ですから、マインドフルネス瞑想は武術稽古と同じ、「修行」なのです。「からだ」を観察し続けることが想像以上に困難なのは、一度試してみれば実感できます。たとえば、呼吸に意識を向け続けるなんて簡単だと思ってやってみても、一〇秒もしないうちに呼吸から注意が離れ、呼吸を観察するのとは全然関係のないことをあれこれと考え始めます。これが**マインドワンダリング**です。呼吸を観察するということそれ自体は、決して難しいことではありません。簡単ですから一時的には誰にでもできます。しかし、こういう簡単で単純な行為をしているときこそ、最もマインドワンダリングしやすいことは、第1章でお話ししたとおりです。

さらに言えば、そもそも「からだ」を観察すること自体が難しい方もおられます。「呼吸を観察する」（呼吸に意識を向ける）ということが、言葉の意味はわかっても具体的にどういうことなのか、しっくりこないという方もときどきおられます。呼吸とは何かをあまり難しく考えすぎると、それは出入りしている透明な空気のことなのか、それとも膨らんだり縮んだりしている胸や腹のことなのか、空気が通っている鼻や喉の感じのことなのか、（それらを全部含めて呼吸と思ってよいのですが、考えすぎて）よくわからなくなるのかもしれません。

ブッダの残した「呼吸の瞑想」では、わずかに鼻を通る息の流れを観察するように勧めています。鼻から出入りする息は、鼻腔や鼻孔、鼻の下をわずかにくすぐります。この、空気の流れが鼻周辺の皮膚を触れる微細な感覚を観察しましょう、というのが安那般那念《あんなはんなねん》です。

このとき、観察する対象が呼吸だけでよければ、ひたすら鼻を出入りする息を観察することでよいかもしれません。しかし、マインドフルネス瞑想で目指しているのは、狭い意味での呼吸の観察だけではありません。呼吸を手がかりにして意識を向け続けるという、「止」の行で得られた集中力でもって、今度は身体全体を観察していくことが次なるねらいです。もちろん、呼吸という微細な運動を観察することそのものが結果的に「観」の行にもなっていますから、広い意味では、これはこれだけでマインドフルネス瞑想だと言っても間違いではありません。

しかし、身体全体を観察せよと簡単に言われても、最初はよくわからないというのが実際です。たとえば、身体のどこそこの箇所を感じてみましょうと言われても、「感じる」とはどういうことかがよくわからない、どこそこの箇所に意識を向けてみましょうと言われても、「意識を向ける」とはどういうことかがよくわからない、という方もおられます。

そこで私は、授業や講座では、最初に**ストレッチング**から始めることにしています（詳細は第6章の1を参照してください）。身体の各部を順番に心地良くじんわりと伸ばすことで、そこを意識することができます。つまり、まずは自分の身体を「発見」することから始めます。普段あまり体を動かさなかったり、運動が苦手だったりする人は、自分の身体のことをすっかり置き去りにしてしまっています。そういう人は、まずは自分の身体に気づくことから始める必要があります。その意味でストレッチングは、体がほぐれてリラックスすると同時に、身体を観察する手がかりが得られるので、マインドフルネス瞑想を始めるためのまさにウォーミングアップとして、非常に有効なワークになります。

2　気と気感

こうして〝発見〟された身体を、今度はじっくり観察していくにあたって、私が用いているのは「**気**」です。**中医学**や**漢方**、**中国武術**や**気功**、あるいはそれらの哲学的背景である**道家**《どうけ》（**老荘**《ろうそう》）**思想**に出てくる鍵概念である気を、方便として用います。「方便として」というのは、私自身は、気そのものが物理的に存在するとは思っていないからです。気はあくまで主観的なイメージです。しかし、主観的な感覚の範囲で言えば、気は明らかに存在します。そういう主観的体感的に気がある感覚のことを、「**気感**《きかん》」と言います。ですから、イメージなのです。

ただ、イメージだからといって、その力を軽視してはいけません。私たちは頭の中で想像するイメージによって、容易に体が緊張もすればリラックスもします。心の中で描かれるそうした主観的精神的な想像力は、物理的な影響力を身体に及ぼします。私たちはつい、心と身体を分けて考えてしまいがちですが（**心身二元論**）、本来、私たちは心と体が不可分で一体である**心身一如**《しんしんいちにょ》の存在なのです（**心身一元論**）。

中国の武術や気功では、気の流れを重視します。身体の各部分に気が流れるイメージを持って、身体を動かします。**空手**も中国由来の武術ですから、当然、気の流れを体感しつつ稽古をするのが本来です。なお、気と言わずにエナジーでもかまいません。体感として、気あるいはエナジーが流れる様子を、主観的体感的にイメージしながら稽古をします。

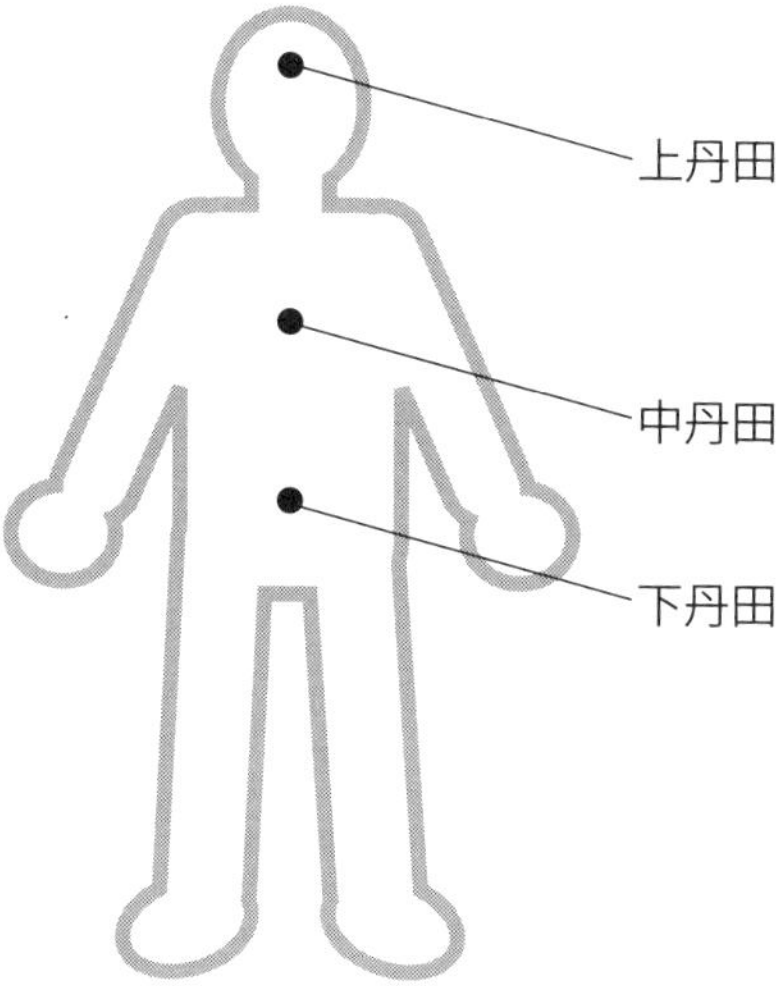

図3-1　丹田の位置

空手や太極拳の動きをベースにした動作瞑想である私の「武術瞑想」では、この気の流れを用います。具体的には、実際の呼吸は鼻を通して行いますが、これとリズムをリンクさせて、手のひらと足の裏を通して息（気）が出入りする様子をイメージします。息を吸ったと同時に手のひらからも入ってきた息（気）は、腕を通って、さらに胴体を通って、下腹（**丹田**《たんでん》、厳密には**下丹田**）まで到達します（**図3－1**）。息を吐くときには逆に、下腹（丹田）から出た息（気）が胴体と腕を通って、手のひらから出ていきます。足の裏も同様です。こうすることによって、四肢で呼吸しているイメージを持つことができます。やがて、身体全体で呼吸している感じになってきます。

四肢で気の流れを感じ、それを観察することは、ただ単に身体を観察せよとストレートに言われるよりも、より具体的に自分の身体全体を感じることができます。つまり、動くとともに、気の概念を方便として用いることが、「からだ」を観察する良い手がかりになるということです。

3 マインドフルネス瞑想の体験段階

さて、こうして気の流れを利用して、「からだ」(呼吸と身体)の微細な感覚を観察するマインドフルネス瞑想を続けていくと、主観的な体験としてどういう変化が起こってくるのでしょうか。その体験の段階について、私自身の経験を踏まえながら説明します。

第一に、瞑想によって心がさまようことそのものに気がつきます。私たちの心がいかにさまようかを、まざまざと知らされます。私たちはつい生活の多くの場面で、自動的に行動したり思考したりしています。それは、私たち人間がなるべく効率的に活動し、大事なことに労力や資源を注ぐため行動や思考を自動化するよう、進化の過程で身につけた術でもあります。心理学ではこういった特徴を指して、人を**認知的倹約家**(**cognitive miser**)であると評します。

こうして行動や思考が自動化されていくと、じきに特別な注意集中を必要としなくなってきます。たとえば、日常生活での習慣やルーティン作業などはことごとく自動化されていて、特別な注意集中を要しません。こういうとき、私たちはマインドワンダリングをし始めます。つまり、自動化された生活に浸かっていると、自動的に心がさまよいやすくなる、ということになります。私たちは、今ここに立ち止まって気づかないでいると、場合によってはそうして一日中自動性の中で過ごすことになります。気がついたら一日が終わっていた、気がついたら一週間が終わっていた、ということがありませんか。気がついたら人生が終わっていた、などということにならないようにしなければなりません。

瞑想するということは、今ここの呼吸と身体に意識を向けるという営みです。それは、今ここに立ち止まって観察する、つまり、今ここに気づく、ということです。こういう気づきをねらうことで、逆に、自分の心がいかに騒がしくさまようかを、まざまざと知ることができます。自分の頭はせわしなくおしゃべりし、せわしなく過去と未来の映像を上映し続けます。はじめは、この頭の中の喧噪状態に圧倒されるかもしれません。今まで気づきもせずその喧噪の中にいたはずなのですが、こうしてふと立ち止まって眺めてみると、いかに忙しく慌ただしくカオスのように、言葉と映像が渦巻いているかに気がつきます。これが第1段階です。気づけば選択する余地が生まれます。別の選択肢を採ることが可能になります。これが自動性からの解放であり、仏教的な意味での「自由」です。

この段階で聞かれる感想の多くは、「雑念ばかりだ」という驚きとともに嘆きや落胆です。ですが、そのように自分を責めてはいけません。雑念ばかり思い浮かんで自分はぜんぜん瞑想ができていない、と思うのは筋が違います。むしろまったく逆なのです。きちんと瞑想をしたからこそ、雑念ばかりが思い浮かぶ人間の本質に気がつけたのです。ですから、「雑念ばかりだ」という気づきを得られたのなら、それは第1段階に達したということです。

こうした基本的な気づきが得られたら、次は、心の中に勝手に思い浮かぶ思考や感情は放っておくとやがて勝手に消えていく（離れていく）、ということに気づくようになります。それはやはり、呼吸や身体へ注意を向け続けることで得られる感覚です。私たちはつい思い浮かんだことに囚われて、そのことに注意が向いてしまいます。そして、注意が向いている間はどうしてもそのことを考え続けたり、そのことに関連することをどんどん連想していったりして、延々とさまよい続けてしまいます。ネガティブな思考や感情の場合、第1章で説明したとおり、それがストレス状態を長期化させる原因になっています。思考や感情に注意を向けるということは、そのことにエナジーを向けるということであり、エナジーを向け続ける限りそのことはそこに居座り続け、延々と活動し続けます。

瞑想とは、呼吸と身体を観察することです。心の中にある思考や感情が浮かんだとしても、それに引き寄せられ続けることなく、引き寄せられていることに気がついたら、呼吸と身体の観察に再び戻ります。そうすると、その思考や感情は自然に消えていきます。勝手に離れていきます。いったん消えた（離れた）思考や感情は、すぐには戻ってきません。まれに戻ってくることがありますが、そのときはまた同じように、気がついたら呼吸と身体へ注意を向け直します。このように、何らかの思考や感情に囚われている（注意が向かっている）ことに気づいたら、今ここの呼吸と身体へ戻ります。瞑想実践としては、これをただひたすら繰り返すだけです。こういう心の変化（思考や感情の霧消）を実際に体感的に経験するこ

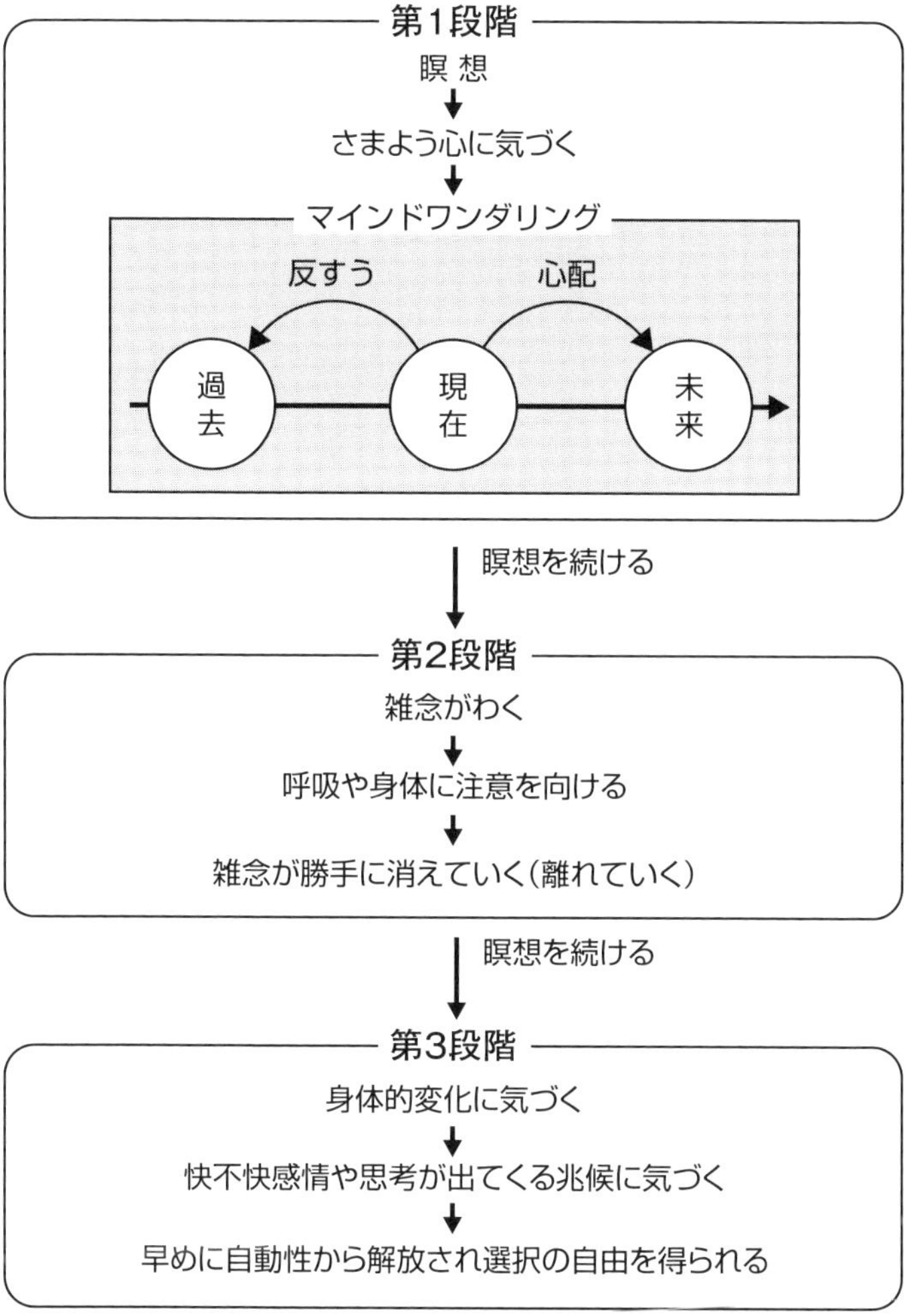

図 3-2　マインドフルネス瞑想の体験の段階

とが、マインドフルネス瞑想の第2段階だと考えています。

さらに瞑想実践を続けていると、やがて微妙な心身の変化や、そうした変化の起こり（兆候）に気づきやすくなります。これが第3段階です。快不快の感情やそれに伴って生じる思考には、それらに先だって身体的な変化があることは、第2章の3の四念処観《しねんじょかん》のところでもお話ししました。つまり私たちは、外側の環境や内側の意識で生じた何らかの刺激によって、まずは身体が反応するということです。そして、その身体反応が快なのか不快なのか（あるいはニュートラルなのか）を判断し、それに関連する思考を展開させていきます。マインドフルネス瞑想とは「からだ」を観察する営みですので、これを続けていくと、そうした身体的な変化（兆候）に気づきやすくなるということです。そうすれば、思考や感情に囚われてさまよい始めるにしても、早い段階でそのことに気づきやすくなる（気づきが早くなってくる）わけです。つまり、早い段階で自動性から解放され、選択する自由が得られます（**図3-2**）。

このように、瞑想によって、①心がさまようことそのものへの気づき、②思考や感情は放っておくと勝手に離れていくことへの気づき、③心身の変化への早めの気づき、が得られます。この三つはあえて順番に段階的に書きましたが、同時に得られることもありますし、順番が多少違う場合もあります。ただ、瞑想実践を続ける中で、体感しやすいものから順に並べるとこうなるのではないかと、経験的には感じています。

4　瞑想の副次的効果

このように、マインドフルネス瞑想は「からだ」を用いた意識の訓練なのですが、瞑想実践後に得られることもある副次的な効果もあります。私はそれらを大きく、リラックス感とクリーンナップ感と呼んでいます。

瞑想は呼吸の観察をします。呼吸は観察していると、やがて勝手にゆっくりとしたリズムになってきます。無理にゆっくり呼吸しようとすると逆に息苦しくなりますが、ただ観察だけをしていると、自然に回数が減ってきます。自然と吐く息も長くなります。息を吐いているときは副交感神経が優位な状態ですので、リラックスした気分になります。また、呼吸がゆっくりになって血中の二酸化炭素が増加すると、セロトニンが分泌されます。セロトニンは心身の安定と関係しています。こうして、瞑想をすることでリラックス感が得られるときがあります。

もう一つはクリーンナップ感です。心の中は雑念ばかりだということに気づいたうえで、放っておくと離れていることも知り、ただひたすら呼吸と身体を観察し続けるのが瞑想です。そうすることで、雑念はどんどん離れていきます。このため、瞑想し終えた後、心が掃除されたような、洗われたような感覚を抱くことがあります。

このように、マインドフルネス瞑想は呼吸と身体を調えるアプローチですので、理屈上必然的にリラックスしたりクリーンナップされたりしますが、それがマインドフルネス瞑想のねらいではありません。マインドフルネス瞑想のねらいはあくまで意識の訓練です。気づきの稽古です。注意力と観察力の鍛錬です。ここのところをはき違えてリラックス感やクリーンナップ感を求めてしまうと、瞑想が価値をもたらす営みとなってしまい、価値に囚われないマインドフルネスという方向性と自己矛盾してしまいます。

また、リラックス感やクリーンナップ感を求めて実践すると、結果的に得られなかったというような場合、瞑想という意識の修行を辞めてしまうことにもつながります。私たちはつい、即時的な快や報酬を求めがちですが、そういう価値を求める（欲を持つ）ことが苦の始まりであることに気づき、そういう価値に囚われないことがマインドフルネスという生き方なのだということを、常に念頭に置いておく必要があります。

ただ、瞑想という行為自体が、リラックス感やクリーンナップ感をもたらすことはある意味必然ですので、もしそういう感覚が結果的に得られた場合には、それはそれでありがたくいただく、というぐらいがちょうどよい態度かと思います。

5　さまざまな「動作瞑想」

このように、「からだ」（呼吸と身体）の観察がマインドフルネス瞑想の実践方法ですが、やり方によっては非常に難しいと言えます。具体的には、ただ単に坐って行う**静座瞑想**あるいは**坐禅**は、方法としてはシンプルですが、実践的には最も難易度が高いと言えます。なぜなら、じっと坐っているという行為そのものは非常に簡単ですので、状態としては最もマインドワンダリングしやすいからです。

ＭＢＳＲにはこの静座瞑想の他に、有名な**ボディ・スキャン（body scan）**というワークがあります。これもまた、実際には非常に難しいアプローチです。状態としては、仰向けに横になって寝たまま足から順番に身体の各部分に注意を向けていく、ということをします。ただ、先にも述べましたように、身体のある部分に注意を向けるということが感覚的にわかりにくいのもまた事実です。

これらに対して、第2章で紹介した動作瞑想である歩行瞑想（経行《きんひん》）や手動瞑想は、比較的行いやすい瞑想法です。なぜなら、動く身体へは注意を向け続けやすいからです。止まっている身体を観察することは注意が離れやすいので難しいですが、動いている身体を観察することは、相対的に易しいと言えます。しかしそれでも、単純な手の動きや、ただ歩くという動作そのものへ注意を向け続けることは、それはそれで飽きやすく心は離れやすいでしょう。

これらよりもさらに取り組みやすい動作瞑想が、**ヨーガ**や**太極拳**です。ヨーガであればさまざまにポーズを変えていきながら、また、太極拳であれば止まることなく動作し続けていきながら、呼吸と身体を観察していきます。これはまさにマインドフルネス瞑想そのものです。

私はこの考えをさらに武術全般に広げています。武術稽古という営みは、武という基準に照らして動作が有効かどうか、という観点で技を磨きます。それ自体は武の稽古です。ただ、その営みそのものは、要は自身の呼吸と身体を絶妙にリンクさせ、それを内側から観察するという行為です。つまり、今ここにある呼吸と身体と意識を一つにつないでいく営みです。これはまさにマインドフルネス瞑想以外の何ものがでもありません。もちろん、すべての武術がこれに当てはまらないかもしれませんが、武術の稽古の本来的なあり方からすれば、基本的には当てはまるはずです。次章ではこの武術の瞑想性について、より詳しく説明します。

第４章

武術

――呼吸と身体と意識をつなぐ

1　武術とその稽古

　武術の稽古とは、対人的な格闘の技術（戦技）を身につける活動です。具体的には、掴《つか》んだり、投げたり、突いたり、蹴ったり、極《き》めたり、押さえたりする技術です。基本的には一対一の攻防を想定して、攻撃してくる相手（敵）をいかに捌《さば》いて、いかに制するかに関する身体操法です。制するとは、こちらの制圧下に相手を置くことであり、過剰に痛めつけたり怪我をさせたりすることが目的ではありません。あくまでこちらの被害を最小限に抑え、相手の攻撃を止める、相手を動けなくする、戦意を喪失させる、あるいは動けなくしている間に逃げる（その場から離れる）ための術だと言えます。

　そうした最終的な目標はどの武術もどの流派も同じですが、武術ごとに、またその流派ごとに、具体的な術の構成が異なったり、捌き方や制し方が異なったりと、さまざまに方法論が異なります。何が正解だとか、この流派のほうが強いとか、絶対的な優劣は比較評価するのが極めて難しいので、まったく無意味です。術や流派の善し悪しは、習う者の体格や性格、あるいは単純に好みによるところが大きいと言えます。

　このように、武術とは戦技であり、敵を制するという点では一致しているものの、その体系は千差万別です。つまり、具体的に何をどう稽古するかは何術かによって、その中の何流かによって、まったく異なります。しかし、形式的にはまったく異なるものの、その稽古において共通する取り組み方というものがあります。それは、稽古者が自らの呼吸と身体をつぶさに観察するという点です。

2　呼吸と身体と意識

武術は、術を効かせるために身体の操作も大切ですが、そこに絶妙に呼吸（吐きと吸い）を合わせていくことで、術の効果を高めていきます。逆に言えば、呼吸の合っていない動作は相対的に効かない、ということです。

身体の操作はまず、重力との関係で、いかに立つかが重要となってきます。つまり、自分の身体の重心がどこにあるか、中心軸（体の軸）がどこにあるかといったことを意識できなければなりません。身体（重心や軸などの身体の在り方）と呼吸（息）をリンクさせていくことが、武術の要諦の第一です。

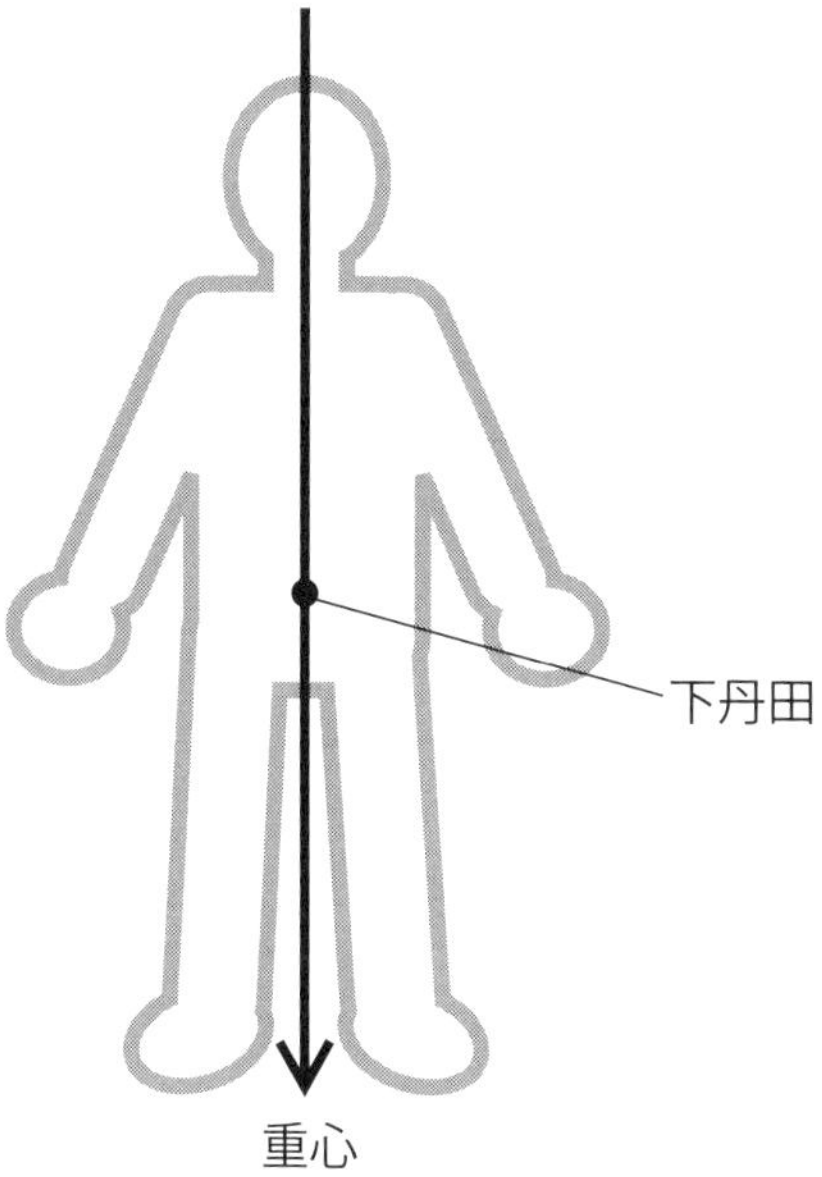

図 4-1　武術で意識すべき箇所

縦の身体感覚として重心や中心軸を意識することも重要ですが、もう一つ武術で意識すべき重要な身体の箇所は、腰と腹です。腰腹とは骨盤周辺のことであり、**丹田**（**下丹田**）周辺のことです（**図４－１**）。この、腰回りの操作が極めて重要です。なぜなら、こ

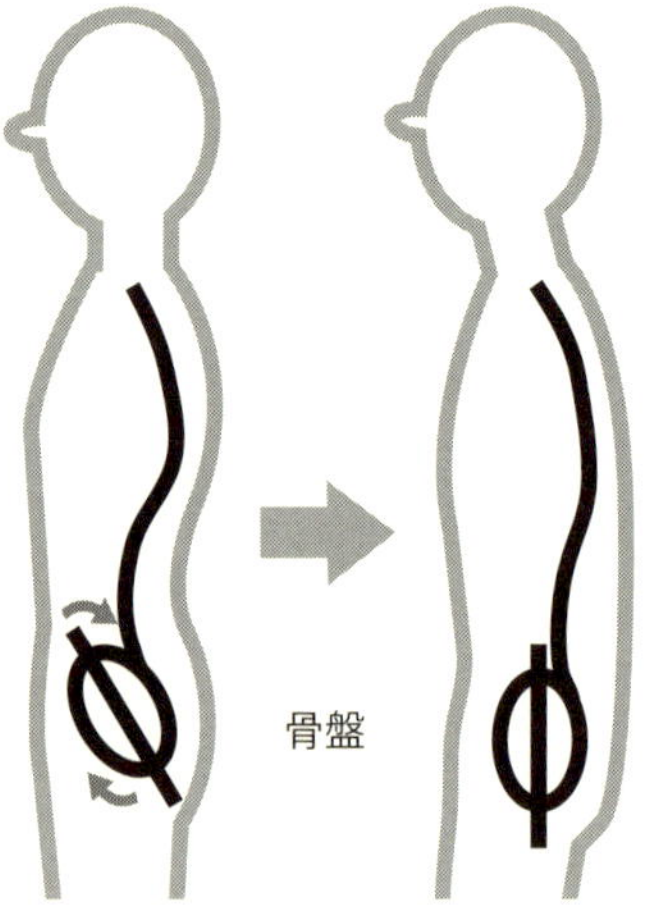

図 4-2　尾骨の巻き込み方

こが身体の中心であり、上半身と下半身をつなぐ、まさに要だからです。立つにせよ、投げるにせよ、受けるにせよ、突くにせよ、押すにせよ、ここが力を十分に発揮するための重要なターミナルになっています。

また、第6章、第7章でも詳しく解説しますが、**腹式呼吸**をして息（気）が入るところも丹田であり、意識の中心もここにあります。四肢を通して流れる気のターミナルも、この腰腹にあるということです。つまり、武術的には、呼吸と身体の中心がこの腰腹だということです。

特に中国武術や気功、そして中国由来の空手の場合、**尾骨**《びこつ》（**尾てい骨**）を巻き込むような操作をします（**図4－2**）。つまり、やや骨盤を後傾させることによって、腹式呼吸の際に息を腹に入れやすくします。横隔膜を十分に収縮して息を入れて、腰腹を充実させます。なお、こうして骨盤を後傾させることを表現する言葉にはいくつもあります。たとえば、「尾骨を巻き込む」もそうですが、他には「へそを上に向ける」や「尻（の穴）を締める」なども基本的には同じことを指す言葉です。骨盤を後傾させるために尾骨を巻き込むという表現は、ヨーガにも見られます。

なお、このように骨盤を後傾させて、吸ったときに腹を膨らませて腰腹をたっぷりと充実させ、吐くと

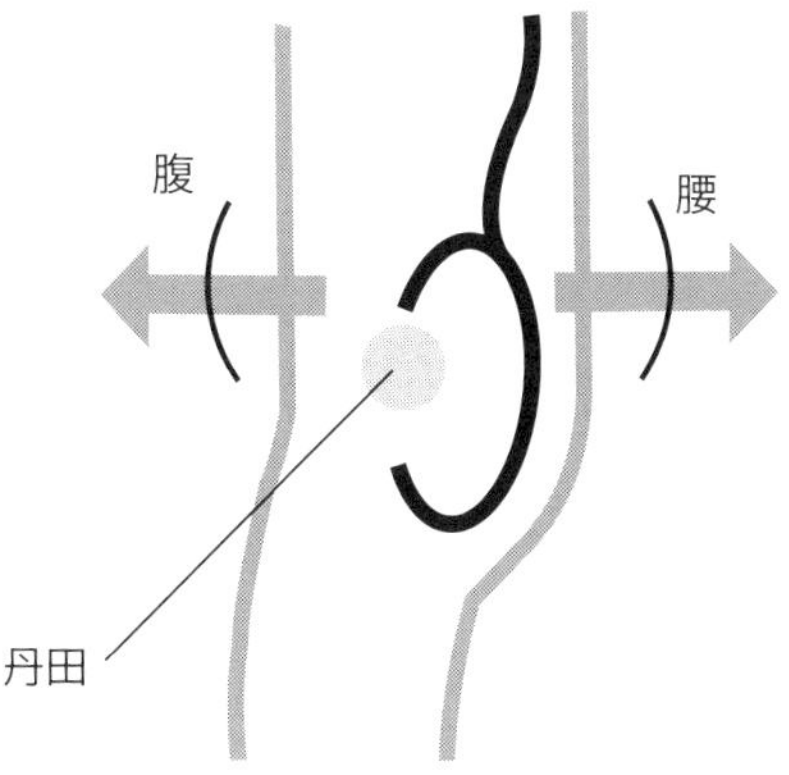

図 4-3　密息時の身体

きにも緩めずに腹圧を上げて充実させたままにする呼吸法は、日本では古来「**密息**《みっそく》」と呼ばれているようです（『「密息」で身体が変わる』中村明一著、新潮社刊）。この密息とまったく同じ呼吸法を、空手でも使います。拙著『空手と禅』ではこれを、通常の「腹式呼吸法」と区別して、「丹田呼吸法」と称していましたが、まったく同じ操作をします（**図４－３**）。空手が沖縄に伝わってから日本古来の密息を吸収したのか、あるいは大陸にすでにあった呼吸法が日本本土にも沖縄にもそれぞれ伝わったのか、いずれが正しいかは定かではありませんが、広いくくりで言えば、東洋の伝統的な呼吸法であることに間違いはありません。

さらにここに、身体感覚的には、前章でも説明した「気」あるいはエナジーの流れのようなものを感じ取っていくことになります。それは、手の指先から足の指先までを、身体のターミナルである腰腹を中心にしてつないでいくイメージです。息（気）は、呼吸とともに手のひらと足の裏から出入りします。そうして手足から入ってくる息（気）は、丹田と行き来します。

このように、身体の重心や中心軸がどこにあるか、呼吸と身体の中心である腰腹がどうなっているか、手足を通って息（気）はどう巡っているか、こうしたことをつぶさに観察することが、武術の稽古に共通する身体感と言えます。そうして呼吸と身体をリンクさせ、それを意識し続けることで、やがて呼吸と身体と意識が一体化していきます。

3 ONENESSとフローあるいは魔境

このように、呼吸と身体と意識（精神、心）の一体化こそが、諸流諸派ある武術稽古の心理的な面での共通点です。呼吸は身体であり、身体は呼吸であり、両者は絶妙にリンクし、意識はそれを眺めます。やがて自分という存在は呼吸そのものとなり、身体そのものとなります。心も身体も区別はなくなります。**道元**の言葉でいえば、まさに**心身脱落**（**身心脱落**）です。そこにはもう「私」はなく、ただ呼吸そのもの、身体そのものしかありません。それはまさに、**無我**の体験的実践的理解と言えるかもしれません。

この一体化した状態のことを、道家《どうけ》思想やそれを背景に持つ太極拳では、「一」（Oneness）と呼びます。そして、この状態は、呼吸と身体の観察をし続ける状態でもあるので、まさにマインドフルネス瞑想のねらいと同じと言えます。つまり、一の状態をねらうということは、身心脱落をねらうことであり、身心脱落は無我の体験でもあります。ブッダのねらいはここにあるわけですから、武術の稽古はマインドフルネス瞑想として、非常に有効なアプローチであると言えます。

ただし重要なのは、そういう状態を眺める目を常に保つことです。呼吸になりきる、身体になりきることが要諦ではありますが、そのことへの気づきは保たなければなりません。つまり、気づきは維持したまま、今ここでの在り方になりきることが、ブッダの残したマインドフルネス瞑想です。

武術の稽古がこのマインドフルネス瞑想でありうるためには、この気づきを保つ必要があります。もし気づきがなくなれば、それは単に行為に没入しているだけになります。場合によっては、そこには一種の恍惚感が生じるかもしれません。こうした行為への没入状態は**フロー**（flow）と呼ばれます。つまり、高い集中力で行為に没入することで気づきが消失し、ただその行為になりきってしまうと、やがて時間や空間の感覚がなくなり、統制感と幸福感に満たされた状態になります。スポーツや仕事ならこれでよいかもしれません。しかし、瞑想はスポーツや仕事とは違います。マインドフルネスとフローの決定的な違いは、気づきを保っているかどうかです。

坐禅では、坐っているうちにこの状態になることを、**魔境**と呼んで戒めています。戒めるくらいですから、ときに陥りやすい状態だということです。それはまるで悟りを得たかのような感覚であることから、『**臨済録**』ではこれを「仏に逢えば仏を殺せ」と教えています。**ユング心理学**で言えば、まさに**自我肥大**（ego inflation）した状態ということになるでしょう。

瞑想は、今ここにある呼吸と身体を意識（観察）してそれになりきることですが、一方でそのことを冷静に見つめる目を保たなければなりません。武術をたしなむ者が、目の前の敵との攻防だけに没頭してしまっては、あらゆる状況や場面に対応できません。次なる敵はどこに潜んでいるか、どこから来るかわかりません。行為になりきるとともに、常に冷静に、今ある状態と状況の八方すべてを見つめる**観の目**（観察力）を持ち続ける必要があります。それが、武術家として常に気づいているということです。

第5章

武道家

——マインドフルに生きる

1　術と道

ここまでお話ししてきたように、武術の稽古はマインドフルネス瞑想として非常に適しています。それは、武術の稽古という営みが、呼吸と身体に意識を向けるというものであり、これはそのままマインドフルネス瞑想と同じことだからです。

だからと言って、武術の稽古をする武術家が全員マインドフルネスを高めているかというと、必ずしもそうではありません。武術を稽古している人の多くは通常、武術の稽古をしているという認識だけで武術の稽古をしています。それは、あくまで術者としての自分を高めていることになります。

一方で、こうした武術修行者の中でも、前章で説明したような武術稽古の瞑想性に気づき、あえて「瞑想」だと明示的に概念規定はしていなくても半ば意図的に今ここの呼吸と身体の観察を心がけ、気づきを保ちながら「一」の状態を味わっている人も実際にはいると思います。それは、武術というものの精神性の本質に気づいた人であり、ここまで来ると武術修行はさらに深まっていきます。単なる戦技の習得ではなく、禅としての修行となっています。

このように、単なる身体術の修行ではなく、瞑想性をふまえた身体術の修行となってはじめて、武術は「武道」となりえます。瞑想性をふまえてこその禅としての武術修行という営み、すなわち武道です。この瞑想性に気づいて稽古をする人のことを本来「武道家」と呼ぶと、私は考えます。瞑想性のない稽古者は、単なる「武術家」だということです。

同じようなロジックで、あらゆる術の稽古は、それをマインドフルに行うことで「道」となりえます。第2章でもお話ししましたように、茶道や華道や書道なども含めて道とついているあらゆる営みは、それが禅としての営みになっているからこそ、道がついています。逆に言えば、瞑想性を理解せずにただ術の稽古をしているだけでは、それは厳密には道とは言えない、ということです。

2　ライフスタイルとしてのマインドフルネス

マインドフルネス瞑想は、日常生活すべての行為を利用することができます。歩くことも瞑想になることはお話ししましたが（経行《きんひん》）、歩くことだけではなく、生活の中の行為すべてがマインドフルネス瞑想になるということです。**禅宗**では坐禅のみならず食事の用意から掃除洗濯まで、すべてが修行だと考えます。つまり、朝起きてから夜寝るまでの目覚めている間、今ここに在り続けること、今ここの行為になりきること、今ここの呼吸と身体に意識を向け続けること、それが修行です。つまり、生活すべてが瞑想なのです。それがマインドフルに生きるということです。こうした修行は何も、出家した禅僧の方々だけに限られた特別なものではありません。私たち一般人もまた、生活そのものをマインドフルに生きることを目指すことは十分に可能です。

このように、何も武術や坐禅に限らず、あらゆる行為を瞑想的に行うことができます。日常生活におけ る活動すべてが、マインドフルネスの練習になります。そして、ある活動をマインドフルに行えば、それは「道」になります。つまり、掃除をマインドフルに行えば掃除道になり、草むしりをマインドフルに行えば草むしり道になり、料理をマインドフルに行えば料理道になり、通勤をマインドフルに行えば通勤道になり、洗車をマインドフルに行えば洗車道となる、ということです。こうなればもう、練習も本番もありません。マインドフルネスの実践という意味ですべてが練習であり、同時にすべてが本番です。

読者の皆さん全員が、道場に通って本格的に武術を稽古しているわけではないでしょうし、禅寺や瞑想センターに通って本格的に坐禅を組んでいるわけでもないでしょう。ですので、ここでは皆さんがあたかも武道家や禅僧のごとく、それぞれの生活の中の活動・行為をマインドフルに行うことをお勧めします。それがマインドフルな生活であり、「道」のある生活であり、禅的な生活だと言えます。

このように、マインドフルネスは、何も特別な時間を設けて自分と向き合う練習だけを指すのではなく、生活そのものをマインドフルに送ることをねらっています。もちろん、まずはマインドフルネスをそれなりに身につけるために、特別な時間を設けて武術の稽古をしたり、坐禅を組んだりすることは必要です。ですが、それだけやっていてもなかなか上達はしません。坐禅や稽古で練った感覚を、日常生活すべての行為に広げていくことが大切です。そうすることで、生活すべてが瞑想になっていきます。

そうして日常生活をマインドフルに生きることで、生活の質そのものが変わってきます。もちろん、仕事や家事などの大変さ自体が軽減するわけではありませんが、活動に対してマインドフルに取り組むことで、以前なら抱いていた不快感、負担感、疲労感などは徐々に軽減されていきます。そうしたネガティブな思考や感情から少しずつ解放されていきます。

また一方で、以前なら一日の多くの時間を自動的に活動してしまっていたところを、はっきりと気づきながら過ごしますから、同じ一日でも中身がずっと充実して濃くなってきます。加えて、マインドフルネスによって養われる集中力や観察力は、結果的に仕事や家事の作業効率を上げたり、視野を広げて違った角度からアイディアを生んだりもするでしょう。もちろん、そうした効果効用はすべて副次的なプレゼントだと思うことが大切です。そうした価値を決して求めて（追いかけて）はいけません。

3　人間関係とマインドフルネス

マインドフルに生きるというのは、何も仕事や家事のような目に見える活動だけに限りません。私たちは**社会的動物**（**social animal**）であり、人と人との間で生きています。つまり、目に見えない「人間関係」を的確にとらえ、調整することは、私たちにとって最重要課題のはずです。そこに問題が生じれば、真っ先に解決を図る必要のある最優先事項です。この人間関係にもマインドフルネスはもちろん効きます。

私たちは人の態度や行為を見聞きして、心が揺れます。他人の気持ちを推測して、ストレスを感じます。そうした人間関係によって生じる自分の心の綾《あや》に気づき、変化を冷静に観察することができれば、以前とは違う選択ができるようになってきます。また、相手の視線や表情や仕草などのノンバーバルな情報にも、気づきやすくなるかもしれません。相手の言葉や態度にすぐ反応せず、その意味を冷静に考えることができるようになるかもしれません。文脈や状況への気づきも増えるでしょう。つまり、自分の思考や感情に気づくようになり、相手の思考や感情にも気づくようになり、落ち着いて文脈や状況を観察できれば、その人間関係をより滑らかに柔らかく展開していくことが可能となります。これらの能力は、いわゆる**EQ（心の知能指数**〈**Emotion Intelligence Quotient**〉）と言ってもよいかもしれません。マインドフルネスはEQの向上に役立ち、それが人間関係を円滑にするのだろうと考えられます。

第1章で、マインドワンダリング中に活性化している脳内のネットワークについて触れました。デフォルトモード・ネットワークです。このネットワークには**内側前頭前皮質**（**MPFC**）というところが含まれますが、ここはおおまかに言えば、人間関係にかかわる社会的な脳部位（**社会脳**〈**social brain**〉）の一つです。ここからしても、私たちは、マインドワンダリング中には人間関係のことをあれこれ考えやすいということです。悩みの種（**ストレスの元**）は人間関係の問題が多いのはこのせいです。人間関係の調整は、私たち人類という社会的な種の最優先課題ですから、このことで悩むのは必然だということです。ただ、それに囚われてしまって過剰に思い悩むことは、心身の健康に有害です。だからこそマインドフルに一日を過ごすことで、少しずつストレスから解放されるのが望ましいのです。

4　武道家という生き方

人間関係も含めて日常生活での活動や営みをマインドフルに行う、それがマインドフルに生きるということです。マインドフルネスとは、長い年月をかけて進化の過程で備わった、私たちの心の自然な（自動的な）傾向から距離を置いて、その様子を冷静に眺める態度のことです。禅僧の**藤田一照**《ふじたいっしょう》師はよく、「坐禅とは人間を辞めること」だと言います。動き回り、しゃべり、さまよい続けるのが普段の（通常の）人間の状態だとすれば、これに対して、止まって、手足を組んで、坐って、口を閉じて、止観《しかん》する坐禅は、まさに人間を辞めることだということです。同じく禅僧で、昭和を代表する名僧であり、藤田師の師匠筋にあたる**澤木興道**《さわきこうどう》師も、「坐禅とは生きながら死人となること」だと述べています。武術は動作瞑想ですから動いてはいますが、口を閉じて止観する点では坐禅と同じです。逆説的な言い方ですが、人間としてより深く、より豊かに生きるために、人間を辞めてみる。それがマインドフルな生き方です。

特別な時間を設けて行う坐禅や武術の稽古は、マインドフルな生活を送るための基礎練習です。あなたがもし武術をたしなんでいる武術家であれば、その稽古によって培ったマインドフルネスを徐々に生活全般に広げていくとよいでしょう。それは、人間としてより深くより豊かに生きるために、「人間」を辞めて「武道家」として生きる、と言ってもよいかもしれません。

第6章

基本ワーク

まずは、私が授業や講座で行っているワークの基本的なものを紹介します。以下に説明する五つの基本ワークは、できればこの順番どおりに進めるのが望ましいです。なぜなら、最後の五番目の「坐禅」(じっと坐ってのマインドフルネス瞑想)をより良く行うために、身体の状態を調え、感覚を積み上げていく順番になっているからです。

1 マインドフル・ストレッチング——身体の各部を感じるワーク

ねらい：準備体操として身体をほぐすとともに、ストレッチングで伸ばしている箇所に意識を向けることで、身体の各部を感じ、マインドフルネス瞑想をするのに適した準備状態を作ります。

やり方：特に決まった動作や順番があるわけではなく、各種のストレッチング方法があると思いますが、どの方法でも、伸ばしているところに意識を向け、よく感じ、伸びをじんわり味わうことを心がけます。そのほうが、血行や柔軟性、リラクセーションの促進など、ストレッチングの効果がより一層高まるという利点もあります。

授業や講座で行う私のワークでは、日本ストレッチング協会のストレッチング方法に沿って行っています。具体的には、ふくらはぎ→ハムストリングス→(中略)→僧帽筋→首と、下半身から始めて次第に上半身へ移っていくように行っています。

2　腹式呼吸法（寝禅《ねぜん》）――呼吸と丹田《たんでん》を感じるワーク

ねらい：マインドフルネス瞑想では、呼吸が最も重要です。呼吸は腹式呼吸であり、鼻で行います。腹式呼吸を行って、息（気、エナジー）が鼻を通って丹田（下丹田）に出入りする感じをイメージします。なお、呼吸に意識を向け続けることによって、結果的にこのワークはすでにサマタ瞑想になっています。

やり方：このワークは仰向けで床に寝て行います。

❶ 膝を立てたほうが、お腹の膨らみや凹みをより感じられるでしょう。

❷ 手のひらをお腹の上に、お臍《へそ》を挟んで上下に置きます。腹式呼吸ですので、息を吸ったときにお腹が膨らみ、吐いたときに凹みます。この動きを感じやすくするために、手のひらをお腹に置きます。膨らみや凹みをより良く感じるため、目は閉じます。（**イラスト①**）

❸ 時間は任意です。タイマーなどを使って、最初は三分ぐらいから始めるとよいでしょう。

❹ なるべく呼吸を感じ続けます。呼吸から意識が離れていることに気がついたら、再び呼吸に意識を向け直します。これをただひたすら繰り返します。

①

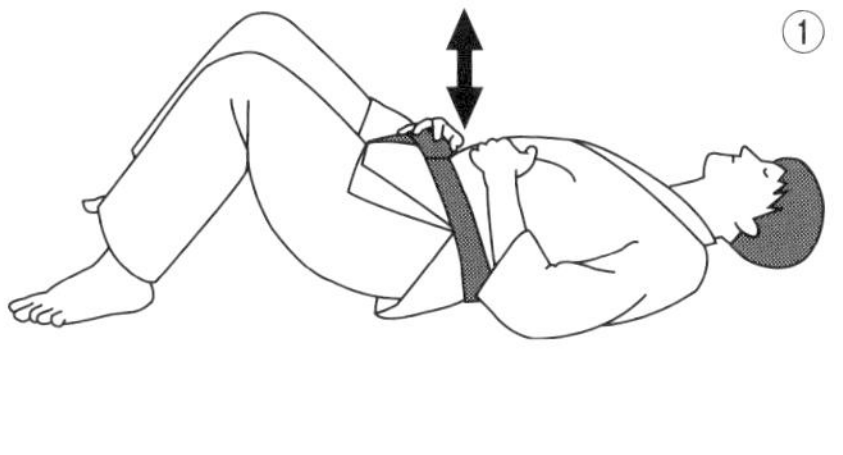

❺ 終わるときは目をゆっくりと開け、手のひらを握ったり開いたりし、腕を曲げたり伸ばしたり、少し足をばたばた動かしてから、静かに起き上がってください。

❻ なお、立って行う場合は、お腹と腰に手のひらを当ててみてください。息を吸ったときに、お腹とともに腰（背中の下のほう）も膨らむ（張る）のがわかると思います。腹式呼吸法は横隔膜を上げ下げし、息を吐いたり吸ったりする呼吸法なので、別名「横隔膜呼吸法」とも呼ばれますが、吸ったときに腰が膨らむのは、この横隔膜の一端が腰のあたりに付いているからです。ここから、腹式呼吸法をするとき、「腰を膨らませるように」と教える人もいるようです。

3 無極《むきょく》で立つ法（立禅《りつぜん》）――全身を同時に感じるワーク

ねらい： マインドフルネス瞑想では、全身の身体感覚に意識をまんべんなく向け続けます。その感覚はなかなか掴《つか》みづらいものなので、このワークによって、言うなればなかば強制的に、全身を同時に連続的に感じ続けるという体験をします。

やり方： このワークは足をそろえて、まるで自分が木か棒になったかのようにまっすぐ立ちます。

❶ 内的な身体感覚に注意を向けやすくするため、目は閉じておくとよいです（倒れそうで不安な人は、開けていてもかまいません）。

❷ 頭のてっぺん（**百会**《ひゃくえ》のツボ）あたりから引っ張られているかのように、あるいは上から吊されているかのように立ちます（**図6-1**）。そうすることで、自然に姿勢がまっすぐに伸びます（「気をつけ」の姿勢のように、無理に背骨を反らしたり胸を張ったりする必要はありません）。腕はだらりとやや前に垂らします（手のひらはやや後ろを向くはずです）。あごが上がりやすい人は、耳の上のほうを上に引っ張られている感じで立つとよいです。（**イラスト②**）

❸ 呼吸は鼻から腹式で行います。立っているためにお腹の膨らみや凹みを感じにくいのですが、そのことはあまり気にする必要はありません。自然な呼吸を続けてください。まるで木か草花になったかのように、頭のほうはどんどん上に（天に向かって）伸びていくかのような、そして、足のほうは大地に根を伸ばしていくかのようなイメージでもよいです。そうして静かに自然に呼吸を続けます。

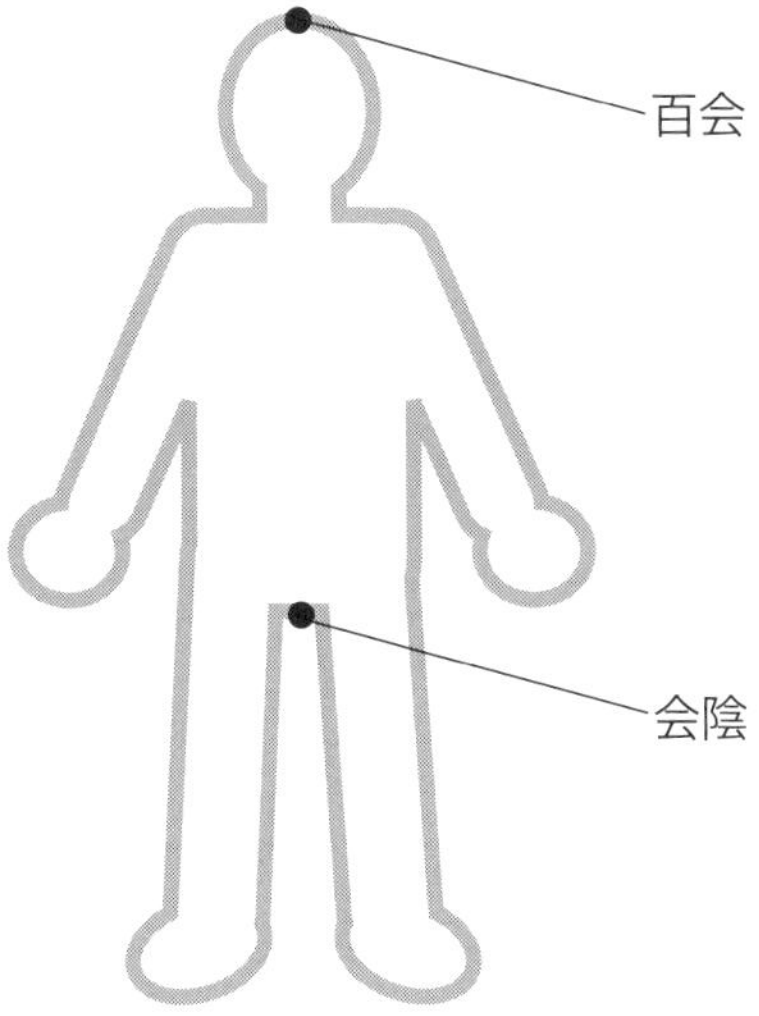

図 6-1　百会・会陰の位置

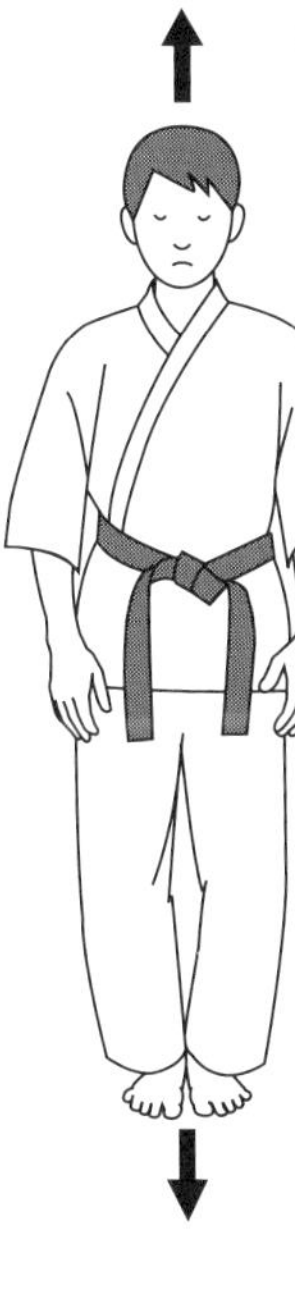

②

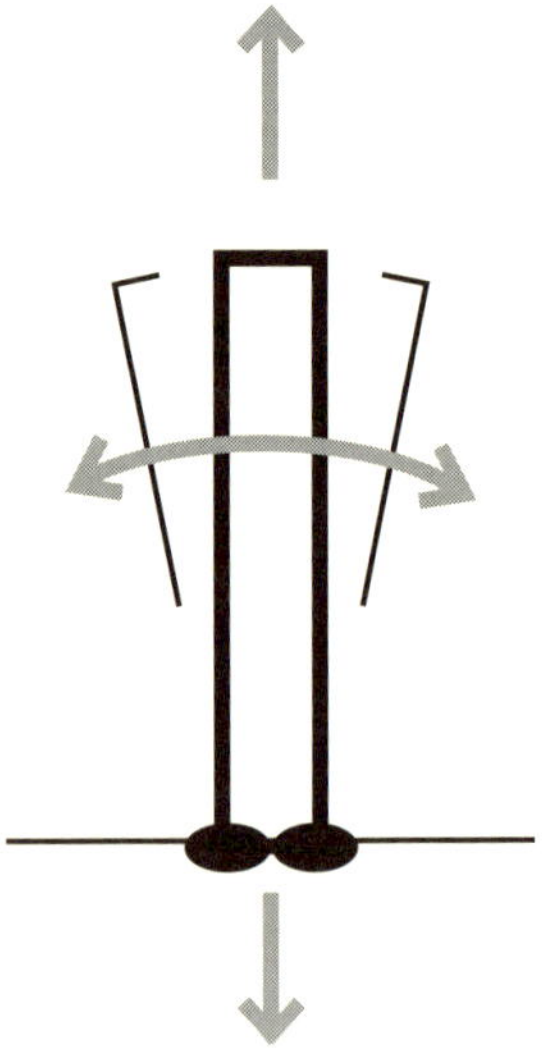

図 6-2　無極で立つ方法

❹　そうしていると、普通はやがてゆらゆらと揺れてきます。そこで、倒れないように足の裏の感覚にも注意深く意識を向けます。足の裏のセンサーを敏感に保ち、うまくバランスを調整し続けます（もちろん、本当に倒れそうなときは、足を開いて踏ん張ってかまいません）。同時に、身体全体も上下に伸びるイメージでまっすぐに姿勢を保ち、できれば腹式での呼吸にも意識を向けます。（図6－2）

❺　こうして、ただまっすぐ立つだけではありますが、そのためには全身に注意を向け続ける必要があります。この、全身に同時かつ連続的に意識を振り分け続ける感覚を覚えておきます。もちろん、それでも身体から意識が離れることはありますので、それに気がついたら再び身体に意識を向け直します。

❻　時間は任意ですが、あまり長くこの状態を保つのは難しいので、ワークとしては二～三分ぐらいでよいと思います。

❼　終わるときは目をゆっくりと開け、手のひらを握ったり開いたり、腕を曲げたり伸ばしたりして、静かに動き出すようにします。

４　起勢《チーシー》（太極気功１）――呼吸と身体と意識をつなぐワーク

ねらい：マインドフルネス瞑想では、「今、ここ」の呼吸と身体になりきるようにします。楊式太極拳の始まりの動作である「起勢（起式）」を繰り返し行うことで、呼吸と身体と意識をつなぎ、「一」の状態を体験します。動作を伴うので、じっとしている「坐禅」よりも相対的に呼吸と身体になりきりやすいと言えます。

やり方：本来、太極拳は立って行いますが、最後（次）の「坐禅」につなげたいので、このワークはあえて坐って行います。そのほうが腕の動作に集中しやすい利点もあります。

❶　坐り方は坐禅と同じく、尻の下に坐蒲《ざふ》（あるいはヨガクッションなど）を敷いて、**結跏趺坐**《けっかふざ》か**半跏趺坐**《はんかふざ》で坐ります。安定性という点ではこれらが一番よいのですが、もちろん正座でも胡座《あぐら》でも、椅子に座ってもかまいません。とにかく、腰腹が安定していて、腰腹や背中、足などに不要な力がかかっていなければ、どんな形でもよいです（そうした不要な力はやがて疲れや痛みとなり、瞑想実践の妨げとなります）。（**イラスト**③）

❷　坐った状態で、腕を身体の前に垂らします。手のひらは下に

③

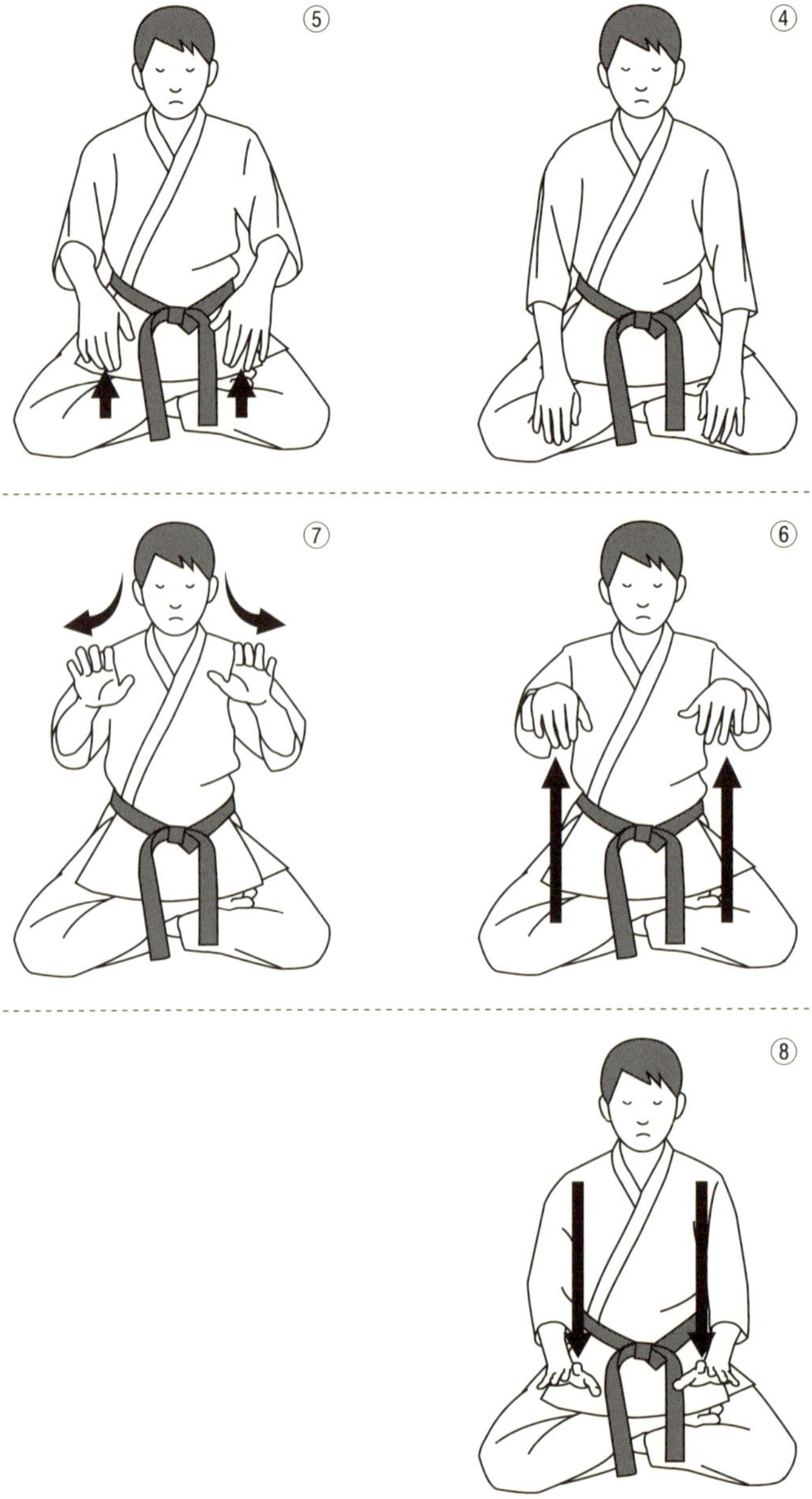
④
⑤
⑥
⑦
⑧

向けておきます。（イラスト④）

❸ ❷の状態から、息を吸いながら腕を肩の高さまで上げていきます。次に息を吐きながら腕を下げていきます。ただこれだけです。吸う息と吐く息に腕の動作を合わせながら、ゆっくりと上げ下げします。（イラスト⑤〜⑧）

❹ 目は閉じていても開けていてもよいですが、内的な身体感覚へ注意を向けやすくするため、どちらかと言えば目を閉じることを勧めています。

❺ このとき、腕や手のひらや指は、全体がタコの足のように柔らかく、あるいは羽毛のようにふんわり軽く、力を抜いてゆっくり優しく動かします。このゆっくりとした動作（身体）と呼吸をリンクさせていきます。

❻ 意識は呼吸に向けても動作（身体）に向けても、どちらでもかまいません。そうしているうちにやがて、呼吸と身体と意識が一体化してきます。この、全身が呼吸そのものになりきっている状態をよく味わってください。

❼ 呼吸は、実際はもちろん鼻から吸って鼻から吐いているわけですが、手のひらから息（気、エナジー）が入り、腕を通って丹田《たんでん》に至り、また丹田から腕を通って手のひらから息が出て行くイメージを持つとよいでしょう。そうすれば、より一層、全身で呼吸している感覚になりやすいです。

❽ 呼吸の味わいという意味では、吸いと吐き、吐きと吸いには、一定の間《ま》（ブランク）があることがわかります。この間《ま》にも、途切れず連続的に腕は動作し続け、間《ま》そのものの時間の流れも感じてくだ

さい。つまり、呼吸と動作を切れ目なく観察するということです。太極拳では、動作が途切れることは一切ありません。吐きと吸いが永遠に循環し続けます。これは、太極拳という武術が、陰と陽が連綿と循環し続けるという、道家《どうけ》的な世界観を表していることを意味しています。

❾ 呼吸は、ゆっくりしようと思うと、かえってぎこちなくなってしまいます。そうではなく、呼吸はただ観察していると、やがて勝手にゆっくりとしたリズムになります。このワークでも、意図的にゆっくりしようとする必要はありません。呼吸と動作のリンクをただ観察しているうちに、やがて動作そのものの柔らかさも相まって、気がつけば予想以上にゆっくりとなっているはずです。

❿ なお、他の瞑想ワークと同様、ここでも呼吸と身体から意識が離れることはありますので、それに気がついたら、再び呼吸と身体に意識を向け直します。

⓫ このワークも時間は任意です。まずは三分ぐらいから始めてみましょう。

⓬ 終わるときは腕の動作を止め、手のひらを膝の上に置いてしばらく余韻を味わいます（**イラスト⑨**）。その後、目をゆっくりと開け、手のひらを握ったり開いたり、腕を曲げたり伸ばしたりして、静かに動き出すようにします。

⑨

5　坐禅（只管打坐《しかんたざ》）——ただひたすら坐るワーク

ねらい：動かずただ坐ったまま、マインドフルネス瞑想をします。いわゆる「坐禅」です。1～4のワークで体験してきた身体的な感覚を手がかりに、じっと坐りながら呼吸と身体に意識を向け続けていきます。

やり方：本来の坐禅には正式な作法がありますが、ここではそうした作法はできるだけ取り除いて簡略化しています（ですので厳密には坐禅ではないですが、便宜上、わかりやすく「坐禅」と呼んでいます）。

❶ まず、ワーク4「起勢《チーシー》」と同様、坐蒲《ざふ》（あるいはヨガクッションなど）を尻の下に敷いて、結跏趺坐《けっかふざ》か半跏趺坐《はんかふざ》で坐ります。正座や胡座《あぐら》、椅子に座ってもかまいません。

❷ ワーク3「無極で立つ法」のときと同じように、頭のてっぺんを上から引っ張られているかのように、背筋を自然に伸ばします。このとき、腰が前に倒れて背骨が反りすぎても、逆に後ろに倒れて背骨が丸まりすぎてもいけません。骨盤の傾斜を内的な感覚で探りながら微妙に調整しつつ、腰から頭の先まで疲れず楽にいられる、ちょうどよい位置を見つけてください。（**イラスト⑩**）

❸ 手は、正式な坐禅のように、身体（腹）の前で両手（右手の上に左手）を重ねて両方の親指同士を軽く触れて「印《いん》」を結んでもかまいませんし（**法界定印《ほっかいじょういん》〈イラスト⑪〉**）、膝の上に手のひらを上にし

て置いても、下にして置いても（**イラスト**⑩、⑫）かまいません。手のひらを上にするときに印を結んでもよいです し（親指と人差し指を軽く触れさせる〈**イラスト**⑬〉）、結ばなくてもよいです。とにかく、自分にとって一番落ち着くところに手を置いておけば、それでよいです。

❹ 目は閉じていても開けていてもよいですが、ワーク４の「起勢」と同様、内的な感覚を観察しやすくするために、閉じておくとよいと思います。

❺ 呼吸はワーク２の「腹式呼吸法」のとおり、鼻から吸っ

⑩

⑪

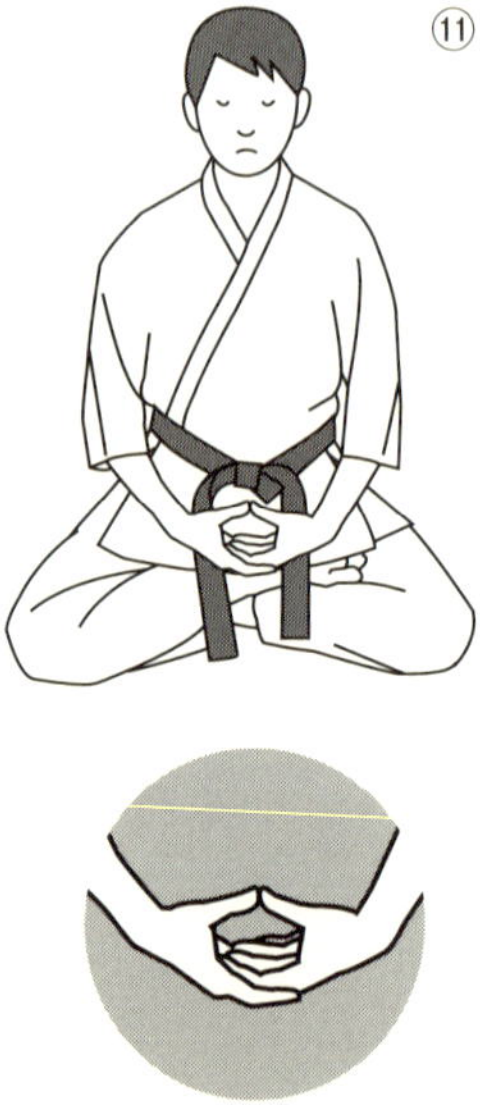

⑫

て鼻から吐きます。空気は実際、鼻と気管を通って肺に出入りするわけですが、お腹の膨らみとともにその先の丹田《たんでん》まで息（気、エナジー）が入り、凹みとともにそこから出て行くよう、イメージしてみてください。立っているときよりも座っているときのほうが、骨盤が後傾します。この骨盤の傾斜がちょうどよく、坐りが楽で安定していれば、丹田のところはよく充実して、息（気、エナジー）がたっぷり出入りするはずです。

⑬

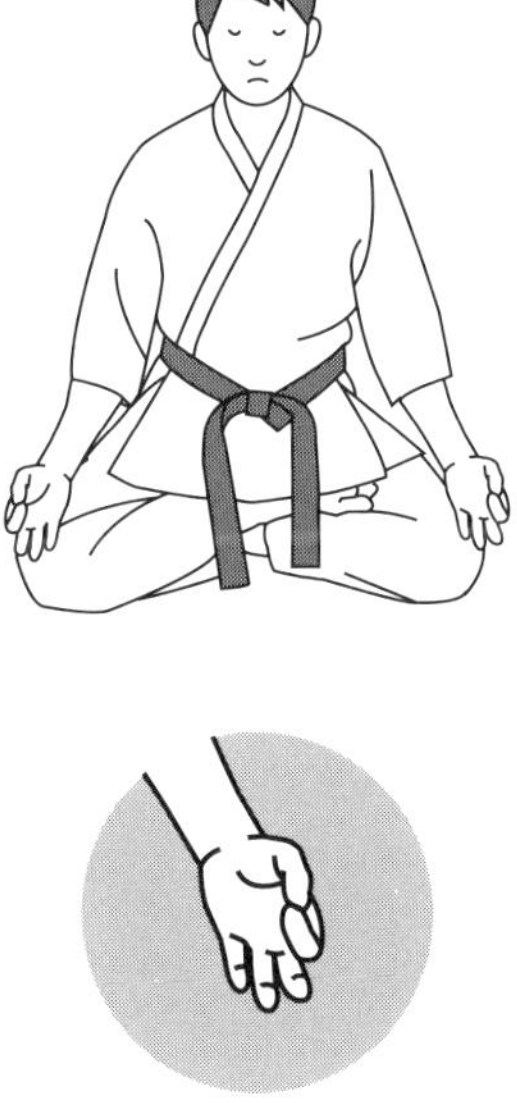

❻　ワーク4の「起勢《チーシー》」との違いは、腕が動いていないだけです。ですので、腕が動いているときと同じ感覚で、呼吸と身体に意識を向け、呼吸のリズムを観察してください。じっと動かずに坐っていますが、実際は呼吸運動によって身体全体が膨らんだり萎《しぼ》んだりしていますし、そのために姿勢も微妙に変わります。ですので、身体全体で呼吸しているつもりで、呼吸と身体（の動き）をリンクさせていき、それに意識を向け続けます。そうして坐禅そのものになりきっていきます。

❼　このとき、もし呼吸や身体から意識が離れていることに気がついたら、再び呼吸と身体に意識を戻します。そういうときはしばしば、姿勢も崩れていたり傾いていたりいます。姿勢の崩れや傾きに気づいたら、それも同じように再調整して戻します。表情も然《しか》りです。私の場合、意識が逸《そ》れて別のこ

とを考えているときは、だいたい眉間に皺《しわ》が寄っています。ですから、眉間の皺に気がついたら表情を緩め、呼吸と身体を観察する元の坐禅に戻ります。こうして、坐禅から離れていることに気がついたら、また元の坐禅に戻るということをひたすら続けます。これが坐禅という営みであり、マインドフルネス瞑想です。

❽ 実践の時間は任意ですが、最初は三分ぐらいから始めるとよいでしょう。最初から長い時間（三〇分とか四〇分など）頑張ってやろうとすると、結局続きません。坐禅は、無理せず楽に自然にあること、藤田一照《ふじたいっしょう》師によれば、「強為《ごうい》ではなく**云為**《うんい》にあること」が肝です。身体と対話しながら、「**安楽の法門**」である坐禅を味わい楽しむほうがよいわけです。最初から無理して頑張ろうとせず、自然にできる範囲から徐々に時間を伸ばしていき、長続きする程度のちょうどよい時間を自分で見つけて、実践を定期的に継続するのがよいです。私の場合は十五分です。毎朝、武術稽古の最後に十五分間と決めて、これより短くも長くもせず、かれこれ十年ほど続けています。

❾ 終わるときは他のワークと同様、目をゆっくりと開け、手のひらを握ったり開いたり、腕を曲げたり伸ばしたりして、静かに動き出すようにします。

第7章

応用ワーク

本章で紹介する応用ワークは四つです。これらのワークは技術的にはやや難しいかもしれませんが、基本ワークの合間に試してみるとよいでしょう。ワークの順番に決まりはありませんので、プラスアルファとして好きなものを試してみてください。なお、四番目のカキエ以外のワークは、一連の決まった動作をしますので、これらは武術的には「形《かた》（型、套路《とうろ》）」と言えます。なかでもサンチンは、空手（那覇手《なはて》）の原理的な形であり、つまり奥義でもあります。

1　開合《カイハー》（太極気功2）――呼吸と身体と意識をつなぐワーク

ねらい：太極拳や気功の動作を私がいくつか組み合わせたワークで、「起勢《チーシー》」と同じく呼吸と身体と意識をつなぎ、「二」の状態を体験することがねらいです。腕全体や手のひらを呼吸とリンクさせながら開いたり合わせたりし、ときに停止し、それに意識を集中します。そうして、身体全体で呼吸し、身体全体を観察する感じを養います。

やり方：このワークも、「起勢」と同様、立って行うこともできますが、動作と呼吸により集中するために、はじめは坐って行うのがよいでしょう（慣れてくれば、身体全体で呼吸する感じを味わうために、立って行うのもよいです）。「起勢」や「坐禅」と同じように、尻の下に坐蒲《さふ》（あるいはヨガクッションなど）を敷いて、結跏趺坐《けっかふざ》か半跏趺坐《はんかふざ》で坐ります。目は開けていても閉じていても、どちらでもよいです。

❶ 両手を合わせて、十秒ほどこすります。手のひらの温かさやビリビリした感じを味わいます。手のひらのこういう敏感さでもって、全身を感じていくようにします。（イラスト⑭）

❷ 鼻から息を吸いながら、合わせた両手を頭上に持っていき、鼻から息を吐きながら、大きく両側に開きつつ下ろします。吸いながら天に登っていき、吐きながら地に降りていくイメージです。お腹の前で掬《すく》いながらまた両手を合わせて、頭上に持っていき、下ろします。この動作を三回繰り返します。大きく深く呼吸をして、リラックスしましょう。（イラスト⑮～⑳）

❸ ❷が終わったら、お腹の前で巨大なスイカかボールを抱えて

⑭

⑮

⑯

⑰

⑱

⑲

⑳

㉑

㉒

いるようなポーズで止まります。止まったまま三〜五回、腹式で呼吸します。動いているときと止まっているときの、感覚の違いを味わいます。また、まるで本当に何かを抱えているかのように、その重みも感じてみましょう。（**イラスト㉑**）

❹ 両腕を肩の高さまで持ち上げます。腕の位置の違いによる感覚の違いや、自分の腕の重みをじっくり感じましょう。（**イラスト㉒**）

❺ 鼻から息を吸いながら両腕を開き、鼻から息を吐きながら両腕を合わせます。この動作を三回繰り返します。息を吸うとき、手のひらからも息が入ってくるかのようにイメージし、その息は腕と胴体を通って丹田まで届きます。身体全体も膨らませます。息を吐くと

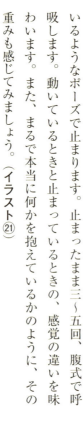

きは、丹田から胴体と腕を通って手のひらから息が抜けていくようイメージします。身体全体も萎みます。こうして全身で呼吸する感じを味わいます。（イラスト㉓、㉔）

❻ ❺が終わったら、自分の頭の大きさぐらいのボールを、両手で挟んで持っているようにイメージします。このボールを自分のほうに引き寄せてきます。胸の前まで引き寄せたら、指先は上に向けます。（イラスト㉕、㉖）

❼ 胸の前のボール（あるいは風船のようなもの）が、呼吸とともに大きくなったり小さくなったりします。鼻から息を吸うとボールが膨らみ、身体全体も膨らみます。鼻から息を吐くとボールが萎み、身体全体も萎みます。この動作を三回繰り返します。呼吸は、手のひらから入って丹田に届き、丹田から発して手のひらに抜けていくようイメージします。まるで本当にボールを持っているかのように、その反発力を感じてみましょう。（イラスト㉗、㉘）

❽ ❼が終わったら、胸の前のボールを回し

㉓

㉔

㉕

㉖

て、左手が上に、右手が下になるようにして、挟んで持ちます。❼と同じく、鼻から息を吸うとボールが膨らみ、身体全体も膨らみます。鼻から息を吐くとボールが萎み、身体全体も萎みます。この動作を三回繰り返します。（**イラスト㉙、㉚**）

❾ 胸の前のボールを回して、今度は右手が上に、左手が下になるようにして、挟んで持ちます。❽と同じように、動作を三回繰り返します。（**イラスト㉛、㉜**）

❿ いったん、胸の前でボールを両手で挟んで持ってから（指先は上に向いている）、ゆっくり腕を伸ばして前のほうに差し出すようにします（指先は前に向ける）。（**イラスト㉝、㉞**）

⓫ ❺のように、両腕を開いて合わせる動作を一回行います。

㉗

㉘

㉙

㉚
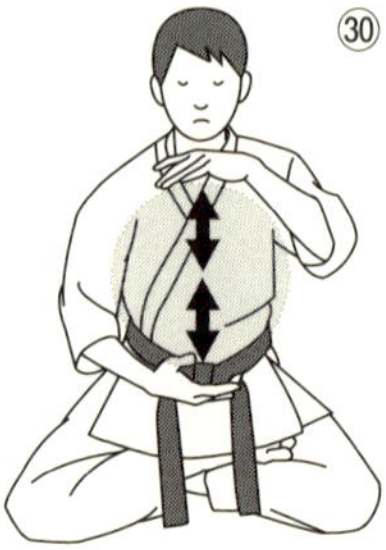

㉛

㉜
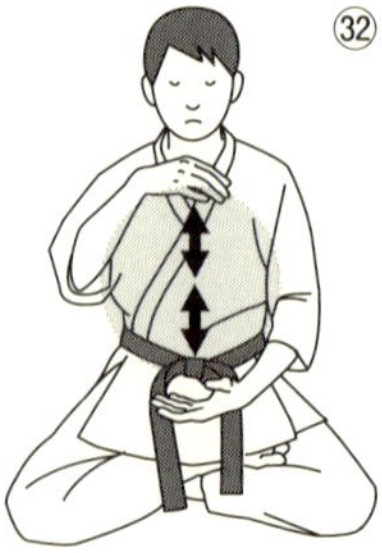

⓬　⓫が終わったら、大きなバランスボールを抱えるようなポーズで止まります。止まったまま三～五回、腹式で呼吸します。肘を横に張っていると腕が疲れやすいので、肘は下に向けてかまいません。バランスボールに身を委ねるようにすると、腕は疲れにくいです。本当に大きなバランスボールを抱えているつもりで、ボールの反発力を全身で感じてみましょう。（**イラスト**㉟）

⓭　⓬が終わったら、❿と同じように、頭の大きさぐらいのボールを両手で挟んで、腕を伸ばして前のほうに差し出します。（**イラスト**㊱）

⓮　このボールは、ここまでの動作で十分練り込んだ良質のエナジー（気）の塊だと思って、頭から全身に通すようなイメージ

㉝

㉞

㉟

㊱

で流します。鼻から息を吸いながらボールを頭上に持っていき、鼻から息を吐きながら両手を頭↓胴体と這わせて上半身に気を流します。（イラスト㊲〜㊵）

⓯ お腹の前で手のひらを上向きに返しながら再び鼻から息を吸って、鼻から息を吐きながら手のひらを下向きに返し、下半身に気を流していきます。（イラスト㊶〜㊸）

⓰ 手のひらを膝の上に置いて、少しの間、目を閉じて余韻を味わいます。（イラスト㊹）

⓱ 終わるときは他のワークと同様、目をゆっくりと開け、手のひらを握ったり開いたり、腕を曲げたり伸ばしたりして、静かに動き出すようにします。

㊲

㊳

㊴

㊵

㊶

㊷

㊸

㊹

2 サンチン（空手）：軸・横隔膜・腰腹・丹田《たんでん》を感じるワーク

ねらい：空手の三戦《サンチン》の形によって、身体の締めによる中心軸・重心の感覚、骨盤の後傾（尾骨《びこつ》の巻き込み）と腹式呼吸による横隔膜の感覚と腰腹の充実、そして丹田《たんでん》の意識をうながすワークです。**百会**《ひゃくえ》のツボから**会陰**《えいん》のツボまで、身体を縦に貫く一本の中心軸を感じながら（**図7－1**）、どっしりと地（床）に立ち（**グラウンディング**〈**grounding**〉）、身体の中心である丹田（下丹田）を意識して、しっかりと呼吸します。

やり方：このワークは立って行います。実際のサンチンの形は体の移動や回転がありますが、ここでは、移動したり回転したりせずに、その場で腕（手）だけ動かす方法をご紹介します。また、「回し受け」というやや複雑な動きが実際の形には含まれますが、ここではそれも省略します。つまり、サンチンの純粋なエッセンス（極意）だけを練る方法を、以下に示します。

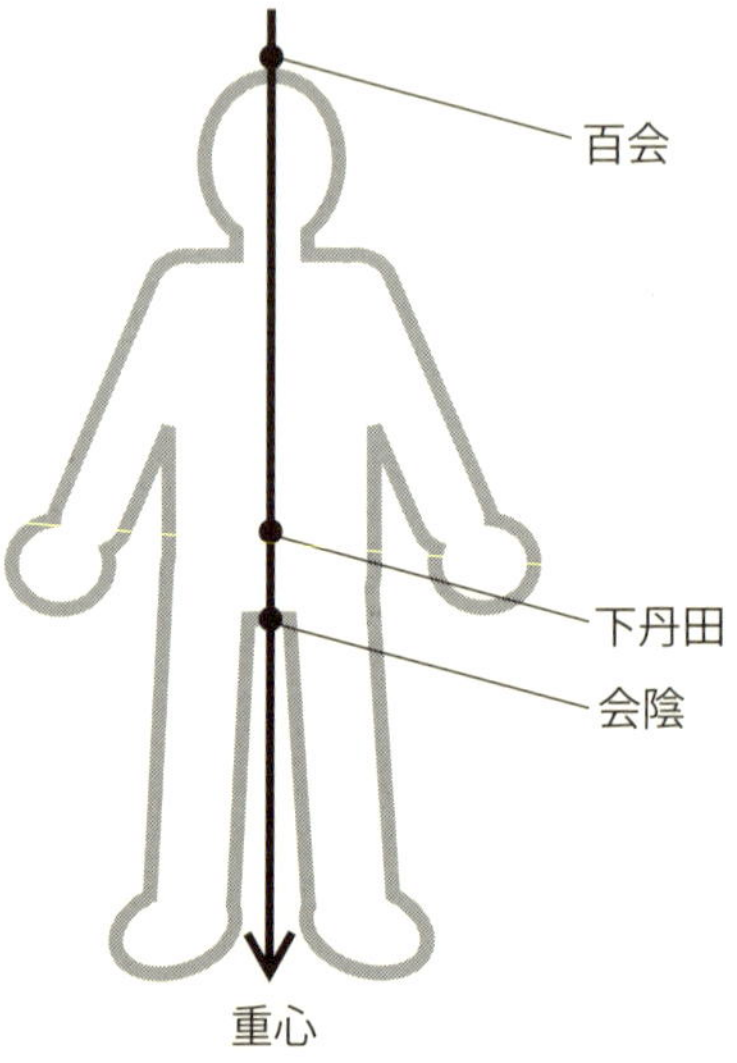

図7-1　百会・会陰の位置と中心軸

❶ 左足のつま先が、右足のかかとと同じ線上にそろうように立ちます。左足は真っ直ぐ前に向け、右足は斜め四十五度内側に向けます。両足の間の距離は、おおむね自分のすねの長さぐらいとします（**図7－2**）。これを「**サンチン立ち**」と言います。右足と左足は逆でもかまいません。こうして立ちますと、自然とやや内股気味になります。

❷ 内股気味になることで、太ももの内側の内転筋群が締まります。こうすることで、下半身のエナジーが自分の身体の中心に向かう感覚になります（**図7－3**）。

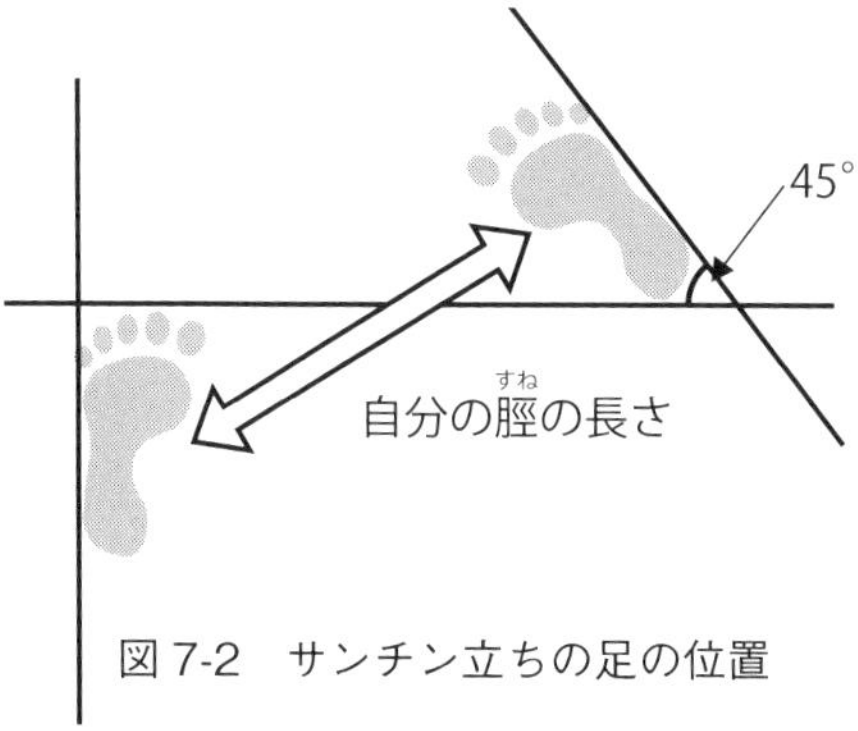

図 7-2　サンチン立ちの足の位置

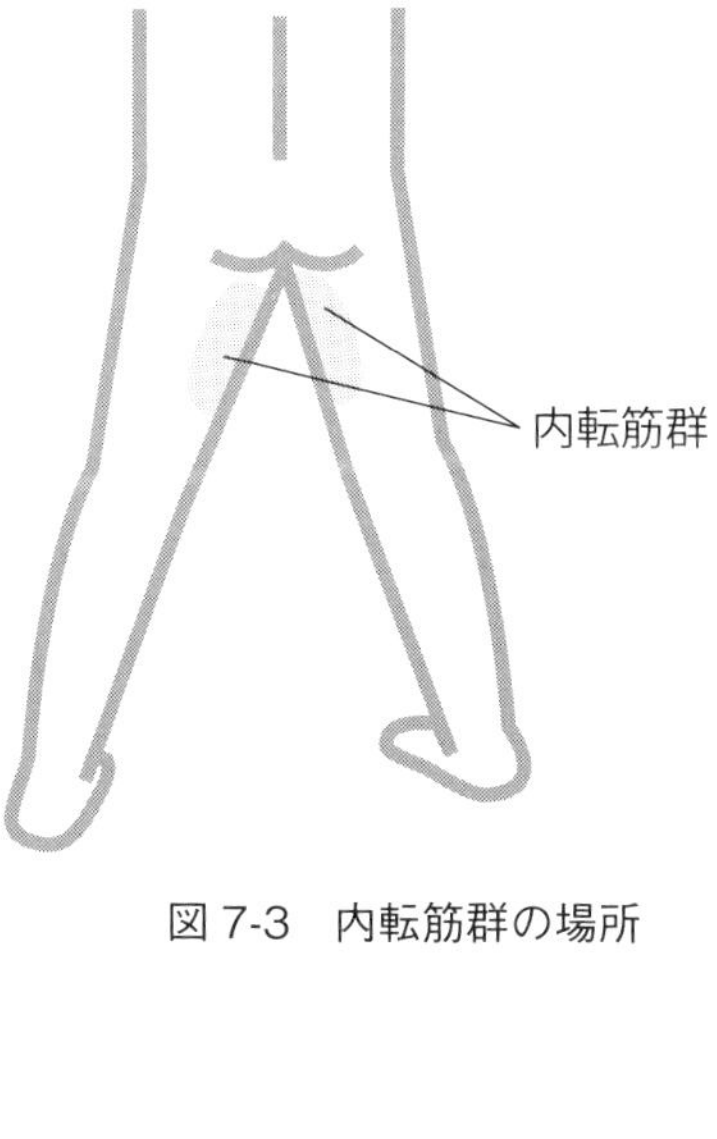

図 7-3　内転筋群の場所

❸ 足の指で地面を掴《つか》む感じで立ってもよいです。こうすることで、より地面にしっかり立つ感覚が得られます。掴《つか》み方としては、土踏まずのほうから外側（小指側、足刀側）のほうへと、エナジーが向かう感覚です（**図7－4**）。

❹ 同時に、骨盤をやや後傾させます。尾骨を巻き込む、へそを上に向ける、尻（の穴）を締めるなど、東洋の武術やヨーガなどにはいろいろな身体表現が伝わっていますが、どれも骨盤を後傾させるための操作のコツを示しています（**図7－5**）。こうして骨盤を後傾させると、大臀筋とハムストリングスが自然に締まります（**図7－6**）。感覚的には、ももの後ろから内ももを通って、らせん状に前へとエナジーが巻き込まれていく感じになります。

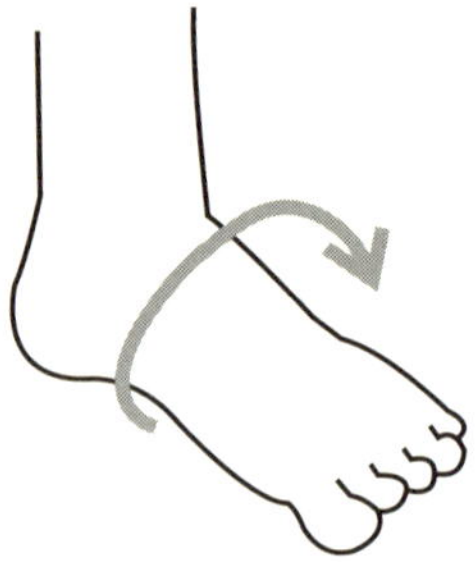

図 7-4　足指の力を入れる方向

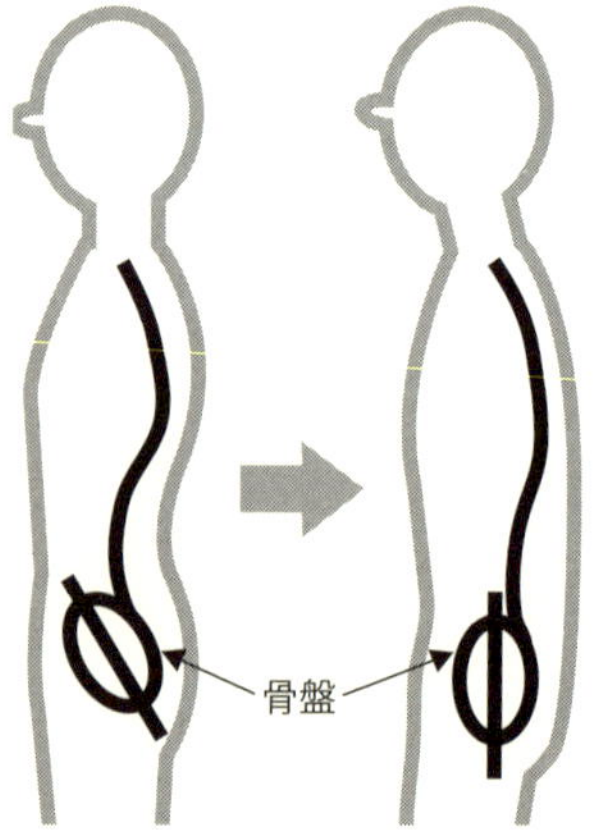

図 7-5　骨盤を後傾したところ

❺重心は身体の中心に持ってきます。ちょうど、頭頂部にある百会《ひゃくえ》というツボから、陰部と肛門の間にある会陰《えいん》というツボまで、一本の棒が通っているような感覚です（図７－７）。そこに自分の重心の位置を感じます。これが身体の中心軸です。

❻呼吸は腹式で行います。骨盤を後傾していますので、通常の立ち姿勢よりも下腹部が膨らみやすくなっているはずです。息を吸うと腹が膨らみますが、このとき、腰（背中の下のほう）も膨らみます。というのも、横隔膜の一端はこの腰のあたりに付いているからです。こうして、横隔膜を十分に

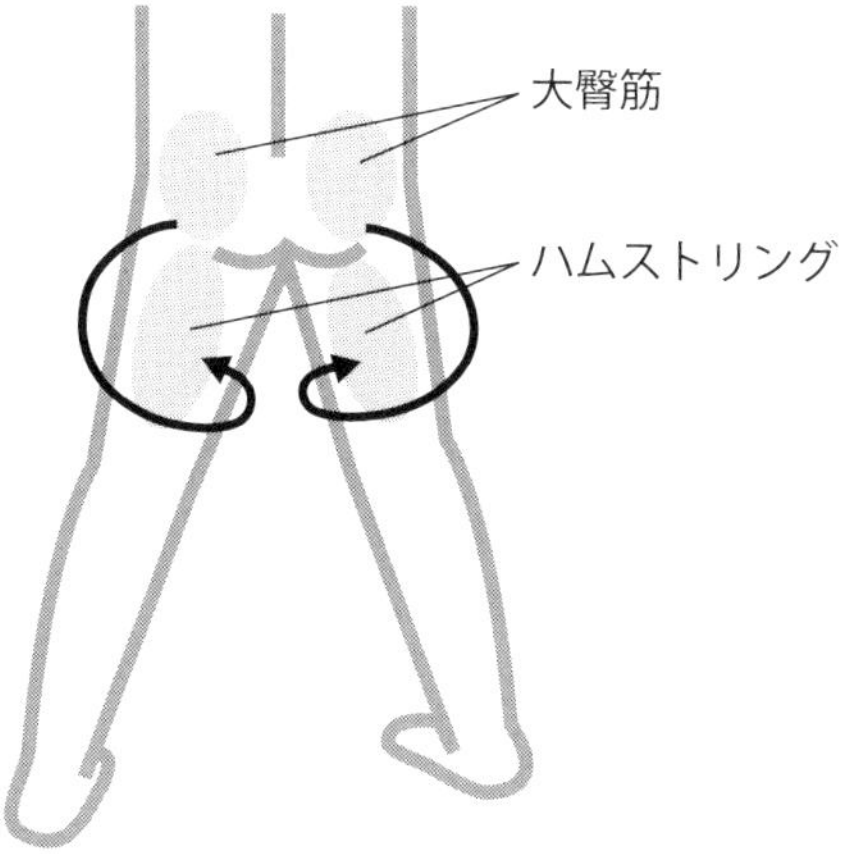

図 7-6　サンチン立ちの後ろから見た図

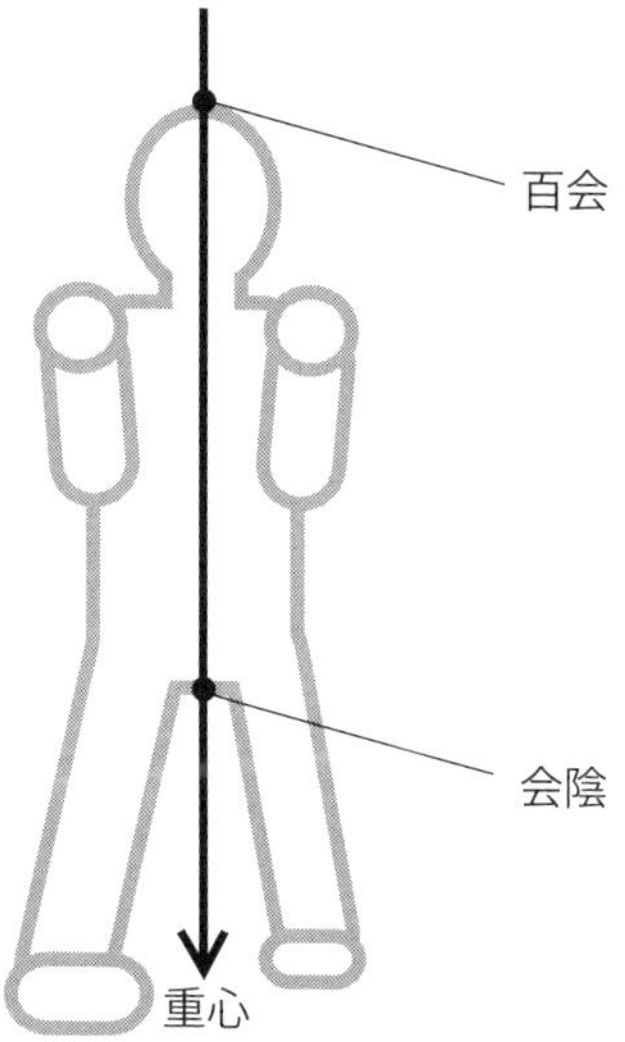

図 7-7　サンチン立ちの重心の位置

動かし、腹と腰の前後で樽のように膨らませ、充実させます（図7－8）。感覚としてわかりづらい場合は、片方の手を腹に、もう片方の手を腰に当てて、膨らんだり萎んだりする感じを確かめてみてください。

❼ 息を吐くときに通常は腹と腰が萎みますが、空手ではこのとき、なるべく充実した腰腹を萎ませず、腹筋群を使って腹圧が高い状態を保って吐きます。この方法は古来、「密息《みっそく》」と呼ばれている呼吸法です。こうすることで充実した腰腹を保つことができ、より安定してしっかり立ち続けることができます。このサンチンのワークをするうえでここまでする必要はありませんが、一度試してみてもよいかもしれません。

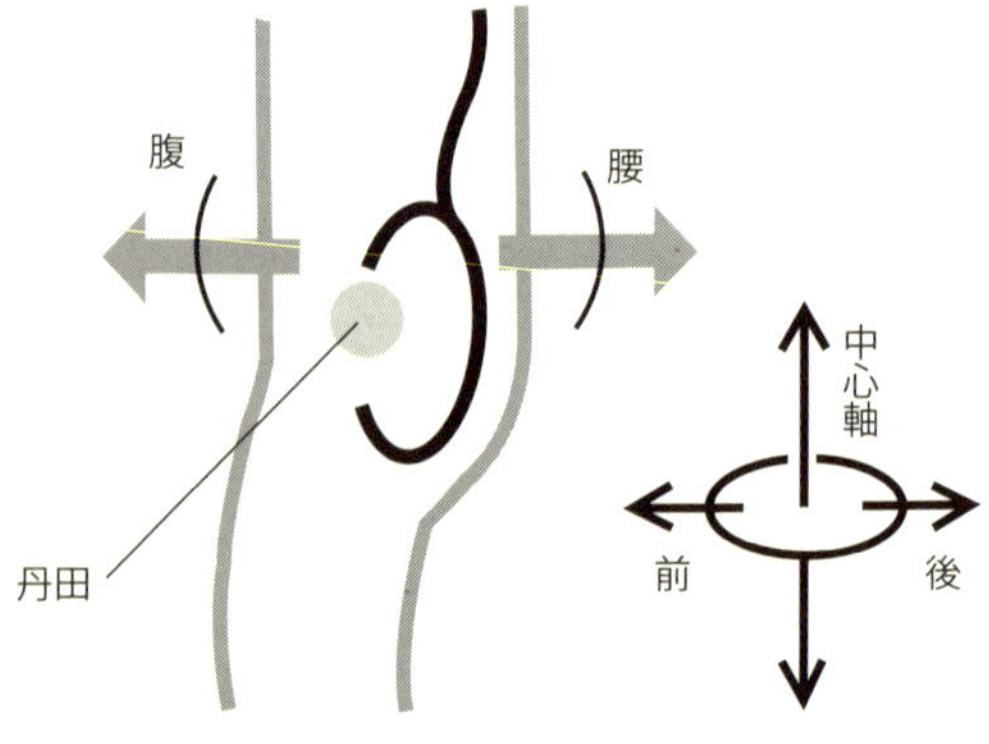

図 7-8　息を吸ったときの腰腹

❽ こうして、身体の中心軸を感じつつ、骨盤の後傾と呼吸による腰腹の充実によって、丹田（下丹田）を意識するようにします。丹田の位置は臍下三寸《へそしたさんずん》などとしばしば言われますが、要するに下腹の奥、骨盤の中だと思ってください。ここが身体の中心であり、意識をこの丹田に持っていきます。

❾ ❶～❽の要領で立ちながら呼吸することに慣れたら、これに受けと突きの動作を加えます。まずは、親指を外に出して拳を握り（親指を人さし指や中指の中に握り込まずに）、指側を自分に、手の

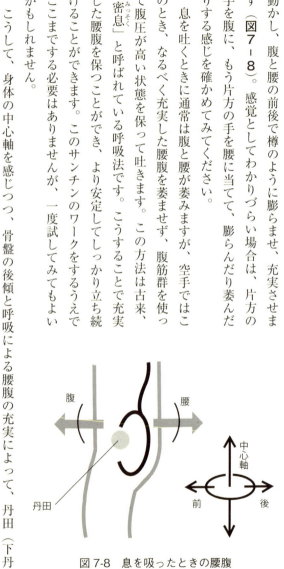

甲側を向こうに向けて、拳がだいたい肩の高さぐらいになるようにして、両脇（肘《ひじ》）を締めます。これが「**横受け**」の姿勢です。（**イラスト**㊺、㊻）

❿横受けの姿勢から、息を吸いながら左手だけを脇に引きます。吸いきった（引ききった）ところから、次に、息を吐きながら左手の拳をゆっくり突き出します。これが「**中段突き**」です。拳で突いている高さは、だいたい自分のみぞおち辺りです。（**イラスト**㊼〜㊾）

⓫吐ききった（突ききった）ら、息を吸いつつ前腕を少し緩め、息を吐きながら肘を中心に（肘の位置をあまり動かさずに）前腕をひねり返して、横受けの位置に戻します。（**イラスト**㊿、(51)）

⓬❿と⓫の動作を、今度は逆の手で行います。一方の手が突いている間、もう一方の手は横受けの状態を保ち続けます。

⓭このように、呼吸に合わせて一方の手で突く（一方

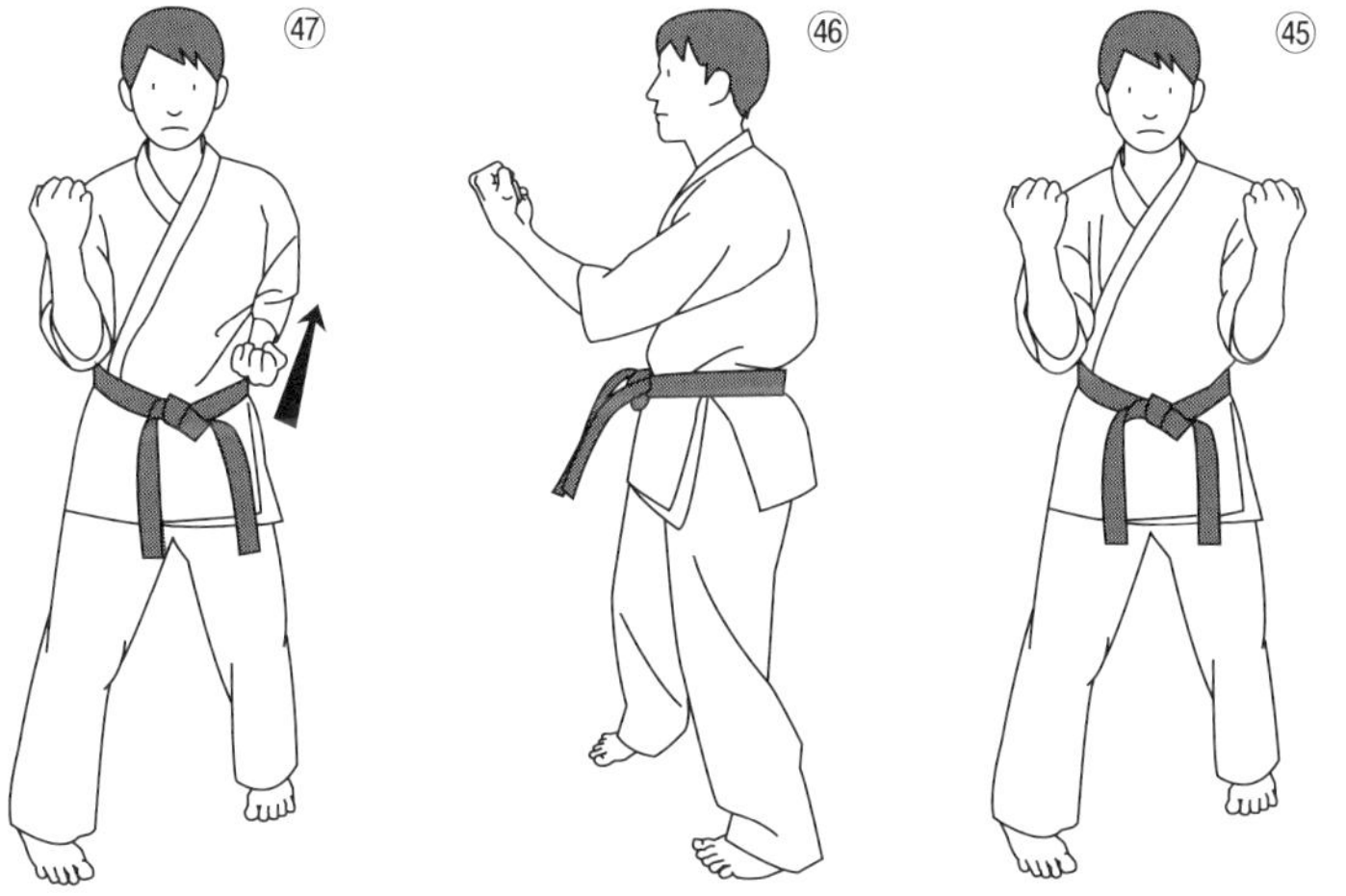

⑱

⑲

⑳

㉑

の手は受けを保つ）という動作を繰り返しつつ、下半身と腰腹の充実を維持し続けることで、結果的に、呼吸と身体に意識をつなぎ止め続けるワークにもなっています。回数は任意でかまいません。下半身から腰腹まで締めますので、あまり無理をせず、疲れすぎない程度に行うほうが良いでしょう。

3　雲手《ユンショウ》（太極拳）
――四肢を同時に感じるワーク（体重移動・重心を感じるワーク）

ねらい：雲手とは、楊式太極拳の動きの一つです。この雲手の動きは、両手足（四肢）に同時に、偏りなく注意を向ける必要があるために、このワークによって意識を全身にまんべんなく振り分けることをねらっています。上半身は円を描くように左右の手をゆっくり動かし続け、下半身は左右の足に重心が交互に移動する（体重移動する）感覚を、敏感にとらえるようにします。

やり方：このワークはサンチンと同様に立って行います。実際の雲手の動きは横移動がありますが、ここでは横移動はせずに、その場で腕（手）の動きと重心の移動だけをする方法をご紹介します。これだけでも、十分に太極拳のエッセンスを味わうことができます。

❶　まず腕（手）の動きを覚えましょう。どちらの手からでもよいですが、とりあえず右手から始めてみましょう。右手を、下から時計回りで円を描くようにして、身体の前で回します。円は、身体の左右の幅（肩幅）から大きくはみ出る必要はありません。このとき、動きとしては、自分の顔をねらって突いてくる敵の拳を払う要領で、左側から右側へと手のひらを返して払います。払ったらそのまま時計回りで円を描き、再び左から右へと顔の前で手のひらを返します。この動作を、慣れるまで繰り返しましょう。（**イラスト㊾～㊹**）

52

53

54

55

56

❷　❶の右手の動作に慣れたら、右手の動きはいったん止めて、今度は左手だけで行ってみます。動きは❶と真逆で、反時計回りに動かします。左手での動作も、慣れるまで繰り返しましょう。

❸　❶と❷で、左右の動きそれぞれに慣れたら、今度は、左右の動きを交互に重ねて連続して行います。つまり、右手が下から時計回りに回って顔の前で払っているときに、左手は反時計回りで下のほうをすでに回っています。右手の払いが終わって下がる頃合いに、今度は左手で顔の前を払います。左手が回って下に来る頃に右手で払い、右手が回って下に来る頃に左手で払い、という具合につなげていきます。こうして左右同時に連続して注意を切らさずに回すのは、実際にやってみると想像以上に難しいかと思いますので、慣れるまではある程度練習が必要です。（**イラスト**57～62）

❹　腕（手）の動きに慣れたら、今度は足（下半身）の動きを覚えましょう。自分の肩幅ぐらいに足を開き、つま先は両方とも前に向けて平行になるように立ちます。膝は少し緩め、同時に骨盤もやや後傾させせます。この姿勢は、いわゆる太極拳における「**放鬆**《ファンソン》」という教えです。ファンソンとは、緩めてリラックスすることを指していますが、ここでは、膝と腰を柔らかく緩めるようにします。（**イラスト**63）

❺　膝と腰を柔らかく緩めた状態で、重心をゆっくりと右足に乗せましょう（なお、左右どちらから始めてもかまいません）。両足は地面に着いたまま、重心が右足に乗っている感覚を味わいます。このとき、右足が実（陽）で左足が虚（陰）ということになります。（**イラスト**64）

❻　続いて、ゆっくりと重心を左足に移していきます。このとき、まるで水か蜂蜜が右足から左足に

57

58

59

60

61

62

（とろりと）体の中を流れていくかのように、じんわりと体重移動（重心移動）を感じるようにします。こうして左足に体重が乗れば、今度は左足が実（陽）で右足が虚（陰）となります。（イラスト⑥⑤）

❼ この重心の移ろいをゆっくりじっくりと味わいながら、左右交互に移動を繰り返します。虚実（陰陽）が境目なく連続的に反転する様子をよく観察します。動きに慣れるまで反復しましょう。

❽ 足の動きに慣れたら、最後に、手の動きと足の動き、つまり、四肢の動きすべてを同時に合わせて行います。右手で払っているときは右足に重心が、左手で払っているときは左足に重心が乗るようにします。このとき、ゆっくりした手の動きのタイミングと、ゆっくりした足の体重移動のタイミングとがぴったり連動するようにします。（イラスト⑥⑥、⑥⑦）

❾ 柔らかくゆっくり、途切れることなく、動き続けます。呼吸は、払うタイミングに吐くと良いですが、あまり難しく考えず、自然に呼吸してください。ゆっくりした呼吸と時間の中で、四肢すべてにまんべんなく意識を向け続ける感覚を味わいます。このワークも、時間は任意です。心地良く動いていられる範囲で、まるで空に浮かぶ雲のように、ふわふわと今ここで漂ってみてください。

⑥③

⑥④

⑥⑤

⑥⑥

⑥⑦

4　カキエ（空手）――他者を感じるワーク

ねらい：カキエ（掛け手）とは、空手（那覇手）の二人稽古の方法であり、互いに相対して立ち、手を触れ合わせて引っ掛け合うというものです。英訳すれば hooking hand です。太極拳には、二人で相対して手を触れ合わせ、滑らかに押したり引いたりする**推手（pushing hand）**という練習方法がありますが、これに似ています。このワークは、手と手の身体的な接点だけから、他者（相手）の気持ちや意思、あるいは生命（エナジー、気）のようなものを鋭敏に感じ取ることがねらいです。

やり方：このワークは、二人で相対して立って行います。できれば身長が同じぐらいの相手を選ぶと良いでしょう。互いに引っ掛け合いますが、これは勝ち負けを競い合うものではありませんので、決して相手を引き倒してやろうとして、力相撲のようにならないようにしてください。手のわずかな接触部分を窓口（情報の出入り口）にして、そこから相手の気持ちや意思を細やかに感じ取るようにします。

❶ 二人で向かい合って立ちます。それぞれ自分の肩幅ぐらいに足を開いて立ち、お互いの右足が相手の**正中線**（体の中心）あたりに位置するように、体半分ずれて立ちます。そして、お互いに右手を相手の額辺りにかざして、触れるぐらいの距離で相対します（**図7－9、7－10**）。

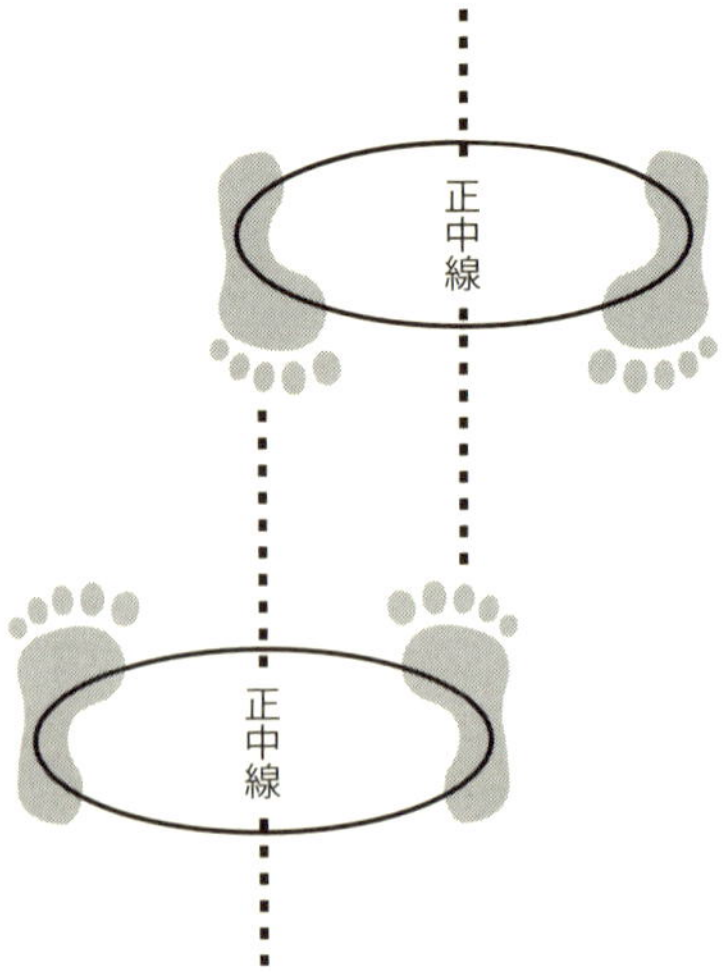

図 7-9　カキエの立ち位置

図 7-10　カキエの横から見た図

❷ お互いに右手の肘を折って前腕を前に差し出し、手の甲を上にして、右手の手首（小指側）をお互いに掛け合います。手首のところで触れ合いながら、お互いの力がわずかに引っかかり合う感覚を味わいます。（**イラスト68〜69**）

❸ ここから、手首の接触部分を離さないようにしながら、お互いに手首を返して手のひらが上になるように回していきます。ここでも、最後はお互いの力がわずかに引っかかり合う感じにします。（**イラスト70〜79**）

❹ 引っかかりを感じ取れたら、今とは逆の回転をして❷の状態に戻ります。（**イラスト80〜84**）❷の動きで引っかかるところまで行ったら、再び逆回転して❸の動きで引っかかるところまで行きます。

⑱

⑲

こうして❷と❸を交互に繰り返します。

❺ 呼吸については、ちょうど引っかかるところで息を吐くとよいでしょう。

❻ お互いに相手の力の加減を微細に感じ取るようにします。自分のやりたいように（やりやすいように）、つまり、自分の意思を主張しようとしたり、相手を自分に従わせようと（相手をコントロールしようと）したりとせず、むしろ逆に、相手の意思（気持ち、流れ）に合わせる（添う）ようにしてみてください。そうしているうちに、お互いにだんだんと息が合ってくれば、自分のエナジーや意思でも相手のエナジーや意思でもない、第三のエナジーや意思の流れのようなものを感じられるようになります。そこでは、まるで私と相手とが一体化して、身体と呼吸と意識が一つとなります。

❼ ここまでは右手同士で行っていますが、ある程度やってみたら、今度は左手同士で行ってみましょ

⑩

⑪

⑫

⑬

⑦④

⑦⑤

⑦⑥

⑦⑦

う。やり方は右手のときとすべて逆にすればよいです。右手のときと左手のときでは、感覚的にどのように違いがあるかを味わいます。

❽ 右手同士、左手同士でやってみたら、今度は目を閉じて行ってみましょう。目を閉じて、お互いに手首に触れる感覚だけを頼りに、息を合わせて動作を繰り返します。開眼時と閉眼時では、感覚的にどのような違いがあるかをよく味わいます。この一連のカキエのワークによって、自分自身の身体の微細な感覚を探り、同時に、自分と同じように生きている他者の生命（エナジー、気）のようなものも、体感するようにします。

⑦⑧

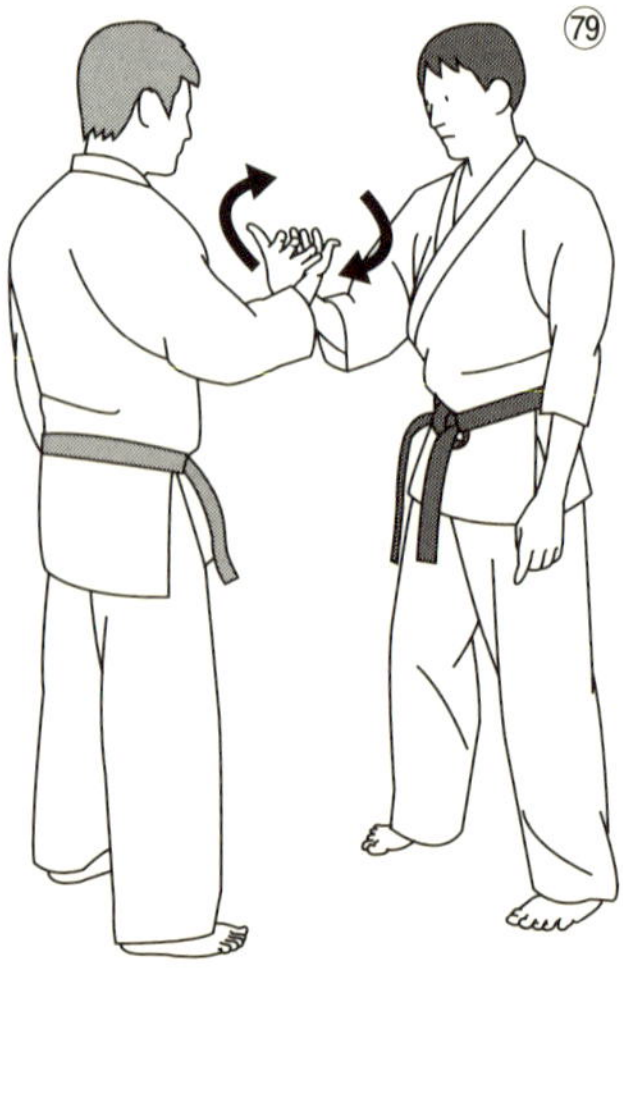
⑦⑨

(80)

(81)

(82)

(83)

(84)

付録

もっと深めたい人へのブックガイド

マインドフルネスや瞑想、禅、タオ、武術（を通した武道）をもっと深めたい人のための、ブックガイドです。優れた書は数多く、そのすべてを書くことはできませんので、あくまで著者の独断と偏見による厳選です。読者の皆さんは、このあたりを入り口に、各自の興味関心に基づいて、さらに広げていっていただきたいと思います。

1 テーラワーダ仏教（上座部仏教、南方仏教）

●『ブッダの〈呼吸〉の瞑想』
（ティク・ナット・ハン著／島田啓介訳、野草社、二〇一二年刊）

ポイントはタイトルにもあるように、そのものずばり「呼吸」であり、とにもかくにも「呼吸に戻りましょう」ということを端的に示した本です。いわゆるアーナパーナサティ（安那般那念）についての、ティク・ナット・ハン師による解説本です。ティク・ナット・ハン師は、これを、「呼吸による完全な気づき」と表現しています。その名の通り、呼吸によって気づきをもたらす、呼吸こそ気づきへと至る道だと述べています。止（サマタ）と観（ヴィパッサナー）についても勉強になります。

●『マインドフルネス――気づきの瞑想』

（バンテ・H・グナラタナ著／出村佳子訳、サンガ、二〇一二年刊）

ヴィパッサナー瞑想を、徹底的に平易かつ丁寧に紐解き、実践方法を説明した本です。まさに実践のための基本書です。出家したり瞑想センターに通ったりせず、一人で実践できるよう、実践中に遭遇するさまざまな迷いや困難への対処法なども、事細かに書かれています。そういう意味で、坐るにあたってのヒント満載の教科書です。一人で坐っていると、どうしても間違った方向に進んでいたり、袋小路に入り込んだりしがちです。そういう状態を修正したり、打開したりしてくれます。ですので、一人で坐っている人は絶対に読んでおいたほうがよい、むしろ読まないと損をする一冊です。

2　禅（道元禅、曹洞禅）

●『坐禅の意味と実際――生命の実物を生きる』

（内山興正著、大法輪閣、二〇〇三年刊）

坐禅とは何か、坐禅するとはどういうことか、ということを平易かつ丁寧な言葉で解説した本です。

「坐禅」というと、無になったり悟ったりというようなイメージが先行して、何かとても難しそうだったり、大変そうだったりして、取り組むのにハードルが高そうに思えます。しかし、坐禅というのはまったくそういう営みではないことは、本書を読めばわかります。道元の只管打坐《しかんたざ》の坐禅はそういうものではありません。初めて（これから）坐る人、坐って間もない人、あるいは、ある程度坐っていてよくわからなくなっている（迷っている）人に、坐禅（道元禅）の本質を伝える指南書です。

●『現代坐禅講義——只管打坐への道』
（藤田一照著、佼正出版社、二〇一二年刊）

坐禅とは身体技法です。そのことがよくわかる本です。坐禅は身体的アプローチであるということを徹底的に追求している曹洞宗の禅僧・藤田一照師が、さまざまな身体の人との交流（対談）を経ながら、自身の坐禅観を探求し、深めていくという内容です。藤田師は、いきなりただ坐るのではなく、より良く坐るために、さまざまなワークやエクササイズや体験を取り入れています。それらのワークやエクササイズや体験が、すべて坐禅につながっていきます。こうして、坐禅は身体との対話であることを伝えようとする実験的な書です。

●『禅に聞け――澤木興道老師の言葉』
（櫛谷宗則編、大法輪閣、一九八六年刊）

内山興正師が、師である昭和の名僧・澤木興道師の言葉を書き留めた膨大な断片を、内山氏の弟子である櫛谷宗則師が再編した本です。澤木師の名言集や語りを収録した類書はたくさんありますので、どれを取ってもよいですが、個人的にはこの本が、味わい深い一言や語りが数多く淡々と並んでいて、良いと感じています。難しい仏教用語はあまり出てきません。澤木師の自然な言葉で、人間という存在の核心を突いてきます。マインドフルネス瞑想を続けていくなかで、こうした禅の考えや思想にも触れていくと、瞑想実践もさらに深まると思います。

3　武術瞑想（自著紹介）

●『空手と禅――身体心理学で武道を解明！：マインドフルネが導く〝全方位的意識〟へ』
（湯川進太郎著、ＢＡＢジャパン、二〇一四年刊）

「武道」とは本来、武術を通したマインドフルネス瞑想の実践であり、そうした瞑想性を通して、マインドフルネスあるいは禅的な境地をねらって初めて武術は「武道」となる、ということを説いた書です。

最初にマインドフルネスとは何かについて詳しく解説し、それをふまえて、中盤で「武道」の本質や稽古・伝承における身体性について説明し、最後に「動く禅」といわれる空手の武術的な特徴について紹介しています。

●『空手と太極拳でマインドフルネス――身・息・心を調え、戦わずして勝つ！』

（湯川進太郎著、ＢＡＢジャパン、二〇一七年刊）

『空手と禅』に続く第二弾として、武術稽古がマインドフルネス瞑想となることを、空手と太極拳の身体性をふまえて、さらに深くアプローチした本です。競技やスポーツとは異なる「武道」としての武術稽古の本質を、具体的な稽古法やその際の身体感に基づいて丁寧に説明しながら、武術稽古がなぜマインドフルネス瞑想なのか、ひいてはマインドフルネスとはどういうことかを伝えています。

●『タオ・ストレス低減法――道教と気功による心身アプローチ』

（ロバート・Ｇ・サンティ著／湯川進太郎訳、北大路書房、二〇一四年刊）

身体技法である気功と道家《どうけ》（老荘）思想に基づいて、ストレス低減に向けて心身統合的にアプローチすることを説いた書です。日常生活におけるさまざまなストレスフルな状況や事情を取り上げ、老子や荘子に出てくるエピソードをふまえつつ、「無為」と「無事」からなるタオの思想で心理的に解きほぐし、同時に「易筋経」や「八段錦」などの気功を紹介して、身体的にも解きほぐすことを目指した本です。

●『水のごとくあれ！――柔らかい心身で生きるための15の瞑想エクササイズ』（J・カルディロ著／湯川進太郎訳、BABジャパン、二〇一五年刊）

本書は、武術から導かれる身体知に基づくコミュニケーション術を説いたものです。私たちは普段、いろいろな目標や目的を持って生活しています。しかし、その過程でさまざまな障害や困難に遭遇します。そういうときにどう振る舞うのが良いのかということを、武術的な知に基づいてさまざまな角度から解説しています。タイトルのとおり、その極意は「水」、すなわちタオや禅の極意です。各章ごとに武術的な瞑想ワークの実践方法も載っています。

おわりに

いかがでしたでしょうか。早速、基本ワークから試していただけましたでしょうか。

腹式呼吸法や起勢のワークなら、今すぐにでも、読みながらでも、できますね。無極で立つこともできます。もちろん、人目が気になりますので、公共の場で突然棒のように立ったり、手をふわふわと動かし始めたりするのは、あまりオススメはできません。しかし、自宅や人目につかないところであれば、半畳もあればできます。是非、試してみてください。

瞑想は、継続が重要です。武術と同じです。稽古を続けていれば力量は少しずつ上がります。しかし、止めればすぐに元に（稽古を始める前の状態に）戻ってしまいます。ですから、稽古はとにかく、毎日続けることが大切です。そのためには、あまり長い時間やり過ぎたり、上手くやろうと頑張りすぎたりしないことがコツです。武術稽古も、継続するコツは、目標などをあまり設定せずに、なんとなくダラダラと緩くやることです。決して頑張ってはいけません。他人と比べてもいけません。頑張らない、他人と比べないのがヒケツです。

本書を読んで、武術瞑想を実践していただき、なかなか面白くなってきたので、今度は武術そのものを習ってみようと思う方がいれば、それはそれでとてもうれしいです。武術と言ってもいろんな術がありますし、いろんな流派がありますから、入門する前にはその道場・流派をよく調べて、できれば実際に一度稽古を体験させてもらうのが良いと思います。体験するのに法外な料金を取る、ましてや体験をさせないというようなところは、たぶん、やめておいたほうが良いでしょう。

武術は、自分の体格や好みで、合ったり合わなかったりします。また、その流派の術が良くても、教える先生とうまが合わない、ということもあります。ここは特に重要であって、武術や芸道の世界ではよく、「師は三年かけて探せ」というようなことが言われます。それぐらい良い師には巡り会いにくい（あまりいない）という意味でもあるでしょうし、教わる人と中身を自分の目でちゃんと吟味しろ、という意味でもあると思います。よくよく吟味もせずに、なんとなく見かけた道場や有名なだけの先生のところで五年、十年習うよりも、ちゃんと吟味したうえで習う一年、二年のほうがよほど充実している、ということです（もちろん、たまたま最初に訪れた近所の道場の先生が良師であるということはあります。こういうのを「武縁」と言います）。

その際、願わくは、武道の武道たる所以《ゆえん》の本質をよく理解している先生に巡り会えることを祈っています。武術に瞑想性（マインドフルネス）が加味されて、はじめて「武道」となりえます。この「道」の意味を、言葉ではっきりとではなくとも、直感的に理解している先生のところで稽古するのが良いでしょう。少なくとも、スポーツ（競技）と武術・武道を混同している人のところでは、残念ながら、本書に書いてあるようなことはなかなか望めません。

空手は、二〇二〇年の東京オリンピックで競技採用されます。この現代空手は、紛れもなくスポーツです。これに対して、私が追求している空手は、言わば沖縄古流の空手（手《ティー》）です。果たして、どちらが本当の「道」（に適している）かと言えば、本書を読んでいただいた方には一目瞭然かと思います。

こうして武術・武道を見る確かな目が備わった読者の皆さんには、よければ是非、本当の意味での「武道」をたしなまれ、本当の意味での「武道家」として、健やかにしなやかに柔らかく人生を送られることを願っています。そうして本物の「武道家」が一人でも増えれば、本書による私の使命は果たされたと言ってよいかもしれません。

最後に、本書は、誠信書房の中澤美穂さんに、武術と心理学について何か書きませんかと声をかけていただいたのが最初でした。中澤さんご自身が空手の有段者であり、これもまた「武縁」だとありがたく感じ、二つ返事でお受けしました。ここまでさまざまな角度からいろいろとアドバイスいただき、こうして形となりました。ここに改めて感謝の意を表します。ありがとうございました。

湯川進太郎

著者紹介

湯川進太郎（ゆかわ　しんたろう）

1971年　愛知県名古屋市生まれ
1994年　早稲田大学第一文学部哲学科心理学専修卒業
1999年　筑波大学大学院博士課程心理学研究科修了
現　在　筑波大学人間系准教授、博士（心理学）、空手道糸東流六段（摩文仁賢榮第二代宗家より允許）、糸東流空手術稔真門師範
専　門　身体心理学、感情心理学、東洋思想文化論
主著訳書　『空手と太極拳でマインドフルネス』BAB ジャパン 2017年、『水のごとくあれ！』（訳）BAB ジャパン 2015年、『タオ・ストレス低減法』（訳）北大路書房 2014年、『空手と禅』BAB ジャパン 2014年、『怒りの心理学』（編著）有斐閣 2008年、『スポーツ社会心理学』（共監訳）北大路書房 2007年　ほか

本文イラスト――高嶋良枝（たかしま　よしえ）

実践《じっせん》 武術瞑想《ぶじゅつめいそう》

——集中力《しゅうちゅうりょく》と観察力《かんさつりょく》を研《と》ぎ澄《す》ます武術《ぶじゅつ》ボディワーク

2017年11月30日　第1刷発行

著　者　湯川進太郎
発行者　柴田　敏樹
印刷者　藤森　英夫

発行所　株式会社 誠信書房
〒112-0012東京都文京区大塚3-20-6
電話03（3946）5666
http://www.seishinshobo.co.jp/

印刷/製本所　亜細亜印刷(株)

ISBN978-4-414-30013-0 C0011　Printed in Japan